東京ガスエコモの〈料理教室〉からうまれた

出会いのレシピ

はじめに

おいしいものを食べると、ほっこり気分が満たされる。
栄養のあるものを食べると、なんだか力が湧いてくる。

「食」は「人」を「良く」すると書く通り、私たちの心と体を元気にしてくれます。
そしておいしいお料理が自分でも作れたら、もっと楽しくなりますね。

私たちは、横浜で料理教室を運営する、「東京ガスエコモ」の料理講師です。
「ガス」の魅力を知っていただこうと、昭和49年から料理教室を始め、40年になりました。
今では年間7000名を超える地域のお客さまと一緒に、料理を楽しんでいます。
本書は、そんな私たちがおすすめする厳選レシピを紹介しながら、
これまで教室に参加し、支えてくださったお客さまへの感謝を示すとともに、
読者の皆さまにも広く料理の楽しさを伝えたいという思いから生まれました。

彩り豊かな料理を囲んで、自分や家族、友人が幸せになるような、「素敵な食卓」を作りたい。
でも、いざ台所に立ったとき、メインは決まっていても副菜はどうしよう……と悩むことも多いはず。
そんな悩みに応えるため、本書ではPart.1からPart.4まで、3品で構成された献立形式で紹介しています。
「環境にやさしく」をモットーに、「エコ」や、「栄養ポイント」など、ちょっとためになるメモも随所に掲載。
また、最終章では、私たちの6つの料理教室（→P90）でお客さまから特に好評のメニューも紹介しています。

手軽に作れる普段使いの料理から、ちょっと手の込んだおもてなし料理まで、
色とりどりのレシピが盛りだくさん。本書が皆さまの「素敵な食卓」作りのお役に立てれば幸いです。

東京ガスエコモの〈料理教室〉からうまれた

出会いのレシピ

はじめに ・・・・・・・・・・・ 2

part.1 友達を招いておもてなしレシピ 7

変わり寿司を囲んで華やかなパーティ 8
イタリアンケーキ押し寿司／ブーケサラダ／コーヒーブランマンジェ

冬野菜をたっぷり使ったクリスマスメニュー 12
鶏ひき肉とドライトマト、春菊のパスタ／ねぎのグラタンパイ／ほたてとかぶ、キウイのマリネ

ちょこっと高級食材でおもてなしパスタ 14
からすみのクリームチーズパスタ／サラダ ニソワーズ／バニラアイスクリーム フランボワーズのバルサミコ酢ソース添え

ママ友ランチや女子会に春のカフェ風プレート 16
ハムとチーズのスコーン／春野菜のクラムチャウダー／いちごゼリー

本格派のおもてなしにほっこりアイリッシュシチュー 20
アイリッシュシチュー／マッシュルームのディップ／アップルハートクッキー

気取らずごちそう 中華料理の人気メニュー 22
えびのチリソース／中華風コーンスープ／山くらげのしょうがあえ

part.2 エスニック&和風で食欲増進レシピ 27

パンにはさんでスパイシーチキン 28
ケバブ風スパイスチキンサンド／えびサラダ／マンゴームースプリン

エスニックな香りのパスタブランチ 32
カレーシーフードパスタ／パイナップルサラダ／アボカドミルク

胃にやさしくて温まる 卵と豆腐のあんかけ献立 34
やわらか卵と豆腐のあんかけ／だいこんの和風シーザーサラダ／フライパン焼きりんご

暑い日の食欲不振には、するっと冷や汁 36
冷や汁／ピーマンの黄身あえ／冬瓜の水晶煮

さっぱりヘルシーさわやかトマトカレー 40
トマトカレー／なすのエスニックマリネ／モロヘイヤのスープ

夏野菜のさっぱりやさしい滋味ご飯 42
真夏のカラフルおにぎり／鶏団子のバタみそスープ／刺身こんにゃくのあえもの

part.3 がっつり食べたい！ 満腹レシピ 45

腹ペコさんのためのミルフィーユかつ丼 46
ミルフィーユかつ丼／クリームチーズ茶わん蒸し／日本酒香るゆずシャーベット

肉巻きおにぎりとたっぷり野菜の和食メニュー 50
豚のみそ漬けにぎり／みそ漬けチーズときのこのあえもの／焼きかぶと春菊の塩あん

ボリュームも味も大満足 ふわふわ卵のオムそば 52
ふわふわ卵のオムそば／カリコリサラダ／男のほろ苦コーヒーゼリー

ご飯に鶏肉のうまみたっぷり シンガポール風ブランチ 54
シンガポール チキンライス／エスニックサラダ／バナナのココナッツミルク汁粉

ラーメンと餃子の最強中華献立 58
さっぱり冷やしラーメン／スタミナ焼き餃子／濃厚杏仁豆腐

FROM PANTRY

- 6 ちょっとエコなイイ話
- 24 おもてなしの盛りつけポイント
- 26 ハーブについて
- 44 スパイスについて
- 60 もっとおいしく豊かなお米ライフ！
- 76 憧れの美肌美人

part.4 女性にうれしいビューティーレシピ　61

- アンチエイジングメニューで頑張る自分にごほうび
  ゆり根のコロッケ／くるみとトマト、バジルのケークサレ／ベリーベリートライフル ・・・・・ 62
- コラーゲンたっぷりのフォーで気分はベトナム屋台
  コラーゲンたっぷりフォー／ベトナム風焼きつくね／オレンジのパインフラン ・・・・・ 66
- コクあり豆乳そうめんで、真夏のブランチ
  豆乳そうめん／ゴーヤとパパイヤの酢のもの／う巻き ・・・・・ 68
- 参鶏湯でアジアンビューティー
  参鶏湯／三色ナムル／豆乳しょうがプリン ・・・・・ 70
- あさりにかつお、初夏を楽しむヘルシー和食
  あさりご飯／かつおのすり流し汁／糸寒天と野菜のごま酢あえ ・・・・・ 74

part.5 おいしさ色々！　各教室の人気レシピ　77

- 港南店　ワイン片手に今日は女子会！
  えびのブッタネスカ／クミン風味のミートバゲット／野菜とスモークチーズのマリネ ・・・・・ 78
- いずみ野駅前店　せいろでアツアツ肉まんじゅう
  肉まんじゅう／豆腐と青菜のひすいスープ／キウイかん ・・・・・ 80
- 保土ヶ谷店　何げない日の和みおかず
  さばの竜田揚げ 甘酢あんかけ／長なすの薬味たれかけ／油麩の煮もの ・・・・・ 82
- 本郷台店　わが家でリッチな洋食屋さん
  豚肉とじゃがいものロースト ローズマリー風味／温野菜の紙包み焼き／フロマージュブラン風のオレンジソースがけ ・・・・・ 84
- 泉店　なつかしおやつでキッズパーティ！
  もみもみ 紅茶のクッキー／きなこ棒／キャロット蒸しパン ・・・・・ 86
- 洋光台店　会話も弾む！　ティータイムのスイーツ
  愛玉子／タピオカミルクティー／さつまいもクッキー ・・・・・ 88

- 東京ガスエコモの料理教室 ・・・・・ 90
- おわりに ・・・・・ 92
- 索引 ・・・・・ 94

お料理を始める前に

- Part.1からPart.4までは一献立三品で構成し、Part.5は各教室のおすすめ三品で構成しています。
- 小さじ1＝5cc、大さじ1＝15ccとなっています。
- オーブンはガスオーブンを使用しています。電気オーブンを使用する場合は、本書の表記より10度ほど高い温度設定にすることをおすすめします。時間はオーブンの特性により異なりますので、様子を見ながら調整してください。
- グリルは両面焼きを使用しています。片面焼きの場合は、様子を見ながら調整してください。
- 難易度は、★とても簡単（お子さまにも）、★★やや簡単（初心者の方に）、★★★ふつう（ひと通り作れる方に）、★★★★やや難しい（自信のある方に）、★★★★★難しい（ベテランの方に）の5段階に分かれています。

ちょっとエコなイイ話

FROM PANTRY

「エコ」というと、「なんだか難しそうだし面倒」と思う方も多いかもしれません。でも、普段の買い物や料理の仕方をほんの少し工夫するだけで、大きなエコにつながることをご存じですか？

例えば買い物をするときはどうでしょう？　昔は夏にしか穫れなかったトマトやきゅうりだって、今ではスーパーに行けば一年中簡単に手に入ります。しかし夏野菜を冬に栽培するということは、温室栽培で大変なエネルギーを使うことになります。当然、価格も夏より高くなってしまいますね。

旬ではない野菜と比べ、栄養価もより高い旬の野菜を食べた方が体にも断然いいし、家計にもやさしいのです。一人ひとりが旬の野菜を買おうと心がけるだけで、全体としてのエネルギーを節約できるわけですから、買い物からもエコは可能なんですね。

そして、普段の料理の仕方。これもそんなに難しいことではありません。例えば野菜や肉、魚を切るとき。肉や魚から切ってしまったら、まな板や包丁を一度洗ってから、野菜を切ることになります。でも野菜から切れば、洗う必要はありませんね。こうすることで、水や洗剤の節約になり、生活排水を極力出さないことにもなります。そして時間の無駄も省けるので、一石二鳥どころか三鳥にも四鳥にもなるのです。

野菜も皮ごと使えるものは、丸ごと使ってしまいましょう。皮は食物繊維やビタミンなど栄養の宝庫。体にもいい上に、ごみも減らせます。その他、鍋を使うときには火加減を注意したり、ふたをしたり。そんなほんのちょっとした心がけの意識が積もり、大きな山となるのです。

皆さんも「環境にやさしく」をモットーに、今日から「エコ」を始めてみませんか？

野菜、魚・肉の順に切る
汚れの少ない野菜、においのある魚や脂分を含む肉の順に切りましょう。調理器具を洗う手間が省け、水や洗剤の節約にも

丸ごと・皮ごと使う
皮ごと食べるときに気になるのが、残留農薬。流水でよくこすり洗いをしてから調理します。へたの取り方も工夫して、賢く食べきりましょう

火加減に注意し、ふたをする
湯を沸かすときや煮物をするときはふたをして、火は鍋底からはみ出さないようにします。こうすることで、エネルギーの節約に

part.1

友達を招いておもてなしレシピ

変わり寿司を囲んで華やかなパーティ

友達が遊びにくる日は、イタリアンカラーが色鮮やかな洋風変わり寿司でおもてなし。
生ハムをバラに見立てたブーケサラダなど、ひと手間加えるだけで食卓がぐっと華やかになります。

イタリアンケーキ押し寿司

魚介と野菜、チーズを使った洋風の変わり寿司

難易度 ★★★★★

材料：（7cm×16cmのパウンドケーキ型1台分）

```
ご飯・・・・・・・・・・・・1合分（360g）
イタリアンパセリ（みじん切り）・・・小さじ2
バター・・・・・・・・・・・・25g
ほたて貝柱（刺身用）・・・・・・55g
A ┌ オリーブ油・・・・・・・・小さじ1/2
  └ 塩、こしょう・・・・・・・各少々
まぐろ・・・・・・・・・・・・40g
ドライトマト（オイル漬け）・・・・10g
アボカド・・・・・・・・・・・1/2個
バジルの葉・・・・・・・・・・適量
B ┌ レモン汁・・・・・・・・・小さじ1/2
  │ うす口しょうゆ・・・・・・・小さじ1/4
  └ わさび・・・・・・・・・・少々
カマンベールチーズ・・・・・・50g
ピンクペッパー・・・・・・・・適量
```

作り方：

1. 温かいご飯にバターを加えて溶かし、粗熱がとれたらイタリアンパセリを加えて混ぜる。

2. ほたては半分の大きさに切ってから5mm厚さに切り、Aとよく混ぜ合わせる。

3. まぐろは細かく刻んでたたきに、ドライトマトはみじん切りにし、よく混ぜ合わせる。

4. アボカドはフォークなどで粗くつぶし、バジルは適量を残してちぎる。Bを加えて混ぜ合わせる。

5. カマンベールチーズは12等分に切る。

6. 型にラップを敷き、3列のしま模様になるように底に2〜4を敷き詰める。

7. 6の上にご飯の1/2量を重ねて平らにならす。さらに5を重ね、上から残りのご飯を敷き詰める。ラップでぴったりと覆い、20〜30分おく。

イタリア国旗と同じ色の順番になるよう、白いほたては真ん中に詰める

8. 7の上面のラップを外す。器でふたをしてそのまま返し、型から取り出す。ラップを外し、残りのバジルとピンクペッパーを飾る。

ブーケサラダ

野菜を使って小さなブーケを食卓に……

難易度 ★★★★★

材料：（4人分）

```
生ハム・・・・・・・6枚
好みの葉野菜・・・・4〜5枚
ラディッシュ・・・・2個
カリフラワー・・・・4房
ミニトマト・・・・・4個
にんじん・・・・・・中1/4本
＜ポテトサラダ＞
じゃがいも・・・・・大2個
玉ねぎ・・・・・・・中1/2個
A ┌ マヨネーズ・・・大さじ3
  └ 塩、こしょう・・各少々
```

10

<ノンオイルオニオンドレッシング>
玉ねぎ・・・・・・・中1/4個
B ｛ しょうゆ・・・・・大さじ2
  米酢・・・・・・大さじ2
  砂糖・・・・・・大さじ1

作り方：

1. 生ハムは端を2cmほど重ねて並べ、点線に沿って横半分に切る。端から巻いてバラの形にする。

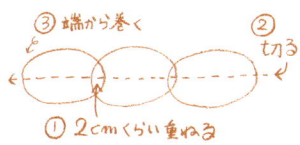

2. 葉野菜は器の大きさに合わせてちぎる。ラディッシュは薄切りにする。

3. カリフラワーは固めにゆでる。ミニトマトはへたを取る。にんじんはスティック状に切り、さっとゆでる。

4. ポテトサラダを作る。
   じゃがいもはゆでて皮をむき、マッシャーなどで潰す。玉ねぎは繊維に沿って薄切りにし、水にさらして水気をきる。ボウルに入れ、Aを加えてよく混ぜる。

エコポイント
じゃがいもの皮は、ゆでてから濡れ布巾でむくと簡単に薄くむけ、生ごみを最小限に抑えられます。

5. ノンオイルオニオンドレッシングを作る。
   玉ねぎはみじん切りにして水にさらし、水気をきる。Bとともにボウルに入れ、よく混ぜる。

6. 葉野菜を器の片側に寄せて広げ入れ、4を底に加えて土台を作る。1と3をのせて隙間をラディッシュで埋め、5をかける。

豆知識＆栄養ポイント
じゃがいもには、美肌や貧血予防など女性にうれしい効果を持つビタミンCが含まれています。しかし水に溶け出しやすいので、ゆでるときは皮つきのままゆで、ビタミンの溶出を最小限に抑えましょう。皮ごと食べるのもいいですね！

コーヒーブランマンジェ

コーヒー味なのに白い！　不思議なブランマンジェ

難易度 ★★★★★

材料：（4人分）

コーヒー豆・・・・・・・・20g
牛乳・・・・・・・・・・250cc
生クリーム（脂肪分35%）・・100cc
砂糖・・・・・・・・・・・30g
粉ゼラチン・・・・・・・・5g
水・・・・・・・・・・・大さじ2
A ｛ 牛乳・・・・・・・大さじ3
  生クリーム・・・・・大さじ1
  砂糖・・・・・・・小さじ1と1/2
  バニラエッセンス・・・2～3滴
ホイップクリーム・・・・・適量

作り方：

1. コーヒー豆は4粒を飾り用にとりおく。鍋に残りのコーヒー豆と牛乳を入れ、弱火にかける。ふつふつとしてきたら火を止めてふたをし、30分おいて牛乳にコーヒーの香りを移す。

2. 水にゼラチンをふり入れ、ふやかす。

3. 1を濾しながら鍋に戻して弱火にかけ、生クリームと砂糖を加える。砂糖が溶けたら火を止め、2を加えて余熱で溶かす。

4. 3を濾してボウルに移し、底を氷水にあてながらかき混ぜ、とろみをつける。型に流し入れ、冷蔵庫で冷やし固める。

5. 4を型からはずして器に盛り、Aを混ぜ合わせてかける。好みでホイップクリームを絞り、コーヒー豆を飾る。

冬野菜をたっぷり使った
クリスマスメニュー

簡単なのに、とってもおしゃれに仕上がる3品。
クリスマスカラーを思わせる色合いが、冬のおもてなしにもぴったりです。
意外にも合うのが、ドライトマトと春菊の組み合わせ。
さっぱりとした春菊と濃厚なドライトマトが、お互いを引き立てます。

鶏ひき肉とドライトマト、春菊のパスタ

春菊のおいしい食べ方、新発見！

難易度 ★★★★★

材料：(4人分)

スパゲッティ・・・280g	にんにく（みじん切り）・・1片分
鶏ひき肉・・・・・200g	白ワイン（または水）・・・大さじ2
ドライトマト(オイル漬け)・50g	オリーブ油・・・・・・大さじ1と1/3
春菊・・・・・・・120g	塩、黒こしょう・・・・各適量

作り方：

1. ドライトマトは細切りにする。春菊は葉の柔らかい部分を飾り用に摘み、茎の部分は5cm長さに切る。

2. フライパンにオリーブ油大さじ1とにんにくを入れて弱火で熱し、香りが出てきたら鶏ひき肉を加え、色が変わるまでよく炒める。

3. スパゲッティは塩（分量外）を加えた湯で、表示時間よりも1分短めにゆでる。ゆで汁を200〜300ccとりおく。

4. 2にドライトマトと春菊の茎の部分を入れ、塩と黒こしょうをして炒める。春菊に火が通ったら白ワインを加え、アルコールを飛ばす。ゆで汁を加え、焦げないよう気をつけながら煮込む。

5. 3のスパゲッティを4のフライパンに加えて塩と黒こしょうで調味し、残りのオリーブ油を加えて全体によく混ぜ合わせる。器に盛り、飾り用の春菊の葉をのせる。オリーブ油少々（分量外）を回しかけ、黒こしょうをふる。

ねぎのグラタンパイ

サクサクパイの中からホワイトソースがとろーり！

難易度 ★★★★★

材料：(4人分)

ねぎ・・・・1/2本	薄力粉・・・・・大さじ1/2
ベーコン・・・1枚	冷凍パイシート・・・1枚
牛乳・・・・70cc	溶き卵・・・・・適量
バター・・・・10g	塩・・・・・・・少々

作り方：

1. ねぎは斜め薄切りにする。ベーコンは5mm幅に切る。

2. フライパンにバターを入れて中火で熱し、ねぎを加えて塩をふり、しんなりするまで炒める。ベーコンも加え、炒め合わせる。薄力粉をふり入れて牛乳を加え、とろみがついたら火を止め、器にあけて冷ます。

3. 冷凍パイシートは常温で5分ほどおいて柔らかくし、4等分に切ってめん棒で伸ばす。真ん中に2をのせ、ふちに溶き卵を薄く塗って二つ折りにし、フォークで押さえてとじる。表面に切り込みを入れて溶き卵を塗る。天板にオーブン用シートを敷いて並べ、210度のオーブンで10分ほど焼く。

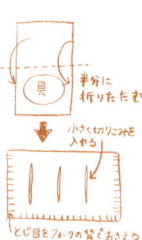

ほたてとかぶ、キウイのマリネ

淡い色合いがきれいな、おしゃれマリネ

難易度 ★★★★★

材料：(4人分)

ほたて貝柱（刺身用）・・4個	オリーブ油・・・小さじ1と1/2
かぶ・・・・・・・1個	白ワインビネガー・小さじ1
キウイフルーツ・・・1個　A	はちみつ・・・小さじ1
ピンクペッパー・・・適量	レモン汁・・・小さじ1/2
	うす口しょうゆ・小さじ1/2

作り方：

1. ほたては厚みを半分に切ってから、4等分に切る。かぶは半分に切ってから薄切りにし、塩水に浸してしんなりしたら水気をきる。キウイは縦4等分に切ってから、ほたてと同じ大きさに切る。

2. Aを混ぜ合わせ、1を加えてあえる。器に盛り、ピンクペッパーを飾る。

13

ちょこっと高級食材で
おもてなしパスタ

簡単なのに豪華に見える、こんな献立はいかが？
たまには奮発して高級食材をプラスすれば、
パスタもたちまちおもてなしメニューに早変わり！

からすみのクリームチーズパスタ
黒こしょうが決め手！ちょっとリッチなクリームパスタ

難易度 ★★★☆☆

材料：（4人分）

スパゲッティ・320g
からすみ・・・40g（大さじ8）
粗びき黒こしょう・少々

A ｛ 牛乳・・・・・300cc
クリームチーズ・60g
おろしにんにく・小さじ1/4 ｝

作り方：

1. からすみはおろし金ですりおろす。

2. スパゲッティは塩（分量外）を加えた湯で表示時間通りにゆで、ざるに上げる。

3. フライパンにAを入れて中火で熱し、クリームチーズを煮溶かす。

4. 3に2とからすみ1/2量を加えて軽くあえ、塩で味を調える。器に盛り、残りのからすみと粗びき黒こしょうをふる。

ひとくちメモ
からすみがなければ、焼きたらこでもおいしくいただけます。

サラダ ニソワーズ
南仏名物。ボリュームたっぷりの、カラフルなサラダです

難易度 ★★☆☆☆

材料：（4人分）

ツナ水煮（缶詰）・・・1缶
ゆで卵・・・・・2個
アンチョビフィレ・・2枚
レタス・・・・・1/4個
アーティチョーク（びん詰）・1/2缶
トマト・・・・・1個
きゅうり・・・・1/2本
さやいんげん・・・4本
パプリカ（黄）・・1/2個
ブラックオリーブ・・8個

A ｛ おろしにんにく・少々
レモン汁・・・小さじ1
水・・・・・小さじ1
白ワインビネガー・小さじ1/2
マスタード・・・小さじ1/2
砂糖・・・・・小さじ1/4
塩・・・・・小さじ1/4
黒こしょう・・少々 ｝

エクストラバージンオリーブ油・・・大さじ2

作り方：

1. ツナは水気をきり、ゆで卵は6等分に切る。アンチョビは1cm長さに切る。レタスとアーティチョークは食べやすい大きさに切る。トマトはくし形、きゅうりは小口切りにする。さやいんげんは塩ゆでして3cm長さに切り、パプリカは薄切りにする。

2. Aを混ぜ合わせ、塩と砂糖が溶けたらエクストラバージンオリーブ油を少量ずつ加え混ぜる。

3. 1とオリーブを器に彩りよく盛りつけ、2をかけていただく。

豆知識＆栄養ポイント
アーティチョークとは、朝鮮アザミのつぼみのこと。中心部は柔らかく、ほのかな甘みがあります。欧米ではサラダの材料として人気ですが、国内でもわずかに栽培されています。オリーブ油に漬けたびん詰が手軽で便利ですよ。

バニラアイスクリーム
フランボワーズのバルサミコ酢ソース添え
酸味と赤ワインの効いた、大人のためのデザート

難易度 ★★☆☆☆

材料：（4人分）

バニラアイスクリーム・4人分
冷凍フランボワーズ・・120g
赤ワイン・・・・・50cc
バルサミコ酢・・100cc
はちみつ・・・・50g
粗びき黒こしょう・少々

作り方：

1. 冷凍フランボワーズ50gと赤ワインはミキサーで撹拌し、ピューレ状にする。

2. 鍋にバルサミコ酢を入れて弱火にかけ、1/2量になるまで煮詰める。とろみがついたら1とはちみつを加え、弱火で7分ほど煮る。

エコポイント
お酢などの調味料は、意外と余りがち。賞味期限が近くなったら、たっぷり使って一気に消費しましょう。

3. 2に残りのフランボワーズ50g分を加えて3分ほど煮、黒こしょうをふる。粗熱をとる。

4. 3を器に流し入れてバニラアイスをのせ、残りのフランボワーズを添える。

15

ママ友ランチや女子会に 春のカフェ風プレート

春が訪れたときのウキウキした気分が味わえる、
カフェ風プレートでおもてなし。
いちごゼリーの鮮やかな赤がかわいらしく、
ママ友ランチや女子会におすすめのメニューです。
スコーンは生地まで作って冷蔵庫に寝かせておけば、あとは焼くだけ！
お客さまに焼き立てをお出しできます。

ハムとチーズのスコーン

塩味の効いた、軽食向けのお食事系スコーン

難易度 ★★★★☆

材料：（8個分）

```
ハム・・・・・・・・3枚
無塩バター・・・・・100g
  ┌卵(M)・・・・・・1個
A │牛乳・・・・・・大さじ2
  └生クリーム・・・・50cc
  ┌薄力粉・・・・・250g
  │粉チーズ・・・・大さじ2
  │ベーキングパウダー・大さじ1
B │砂糖・・・・・・大さじ1
  │パセリ(みじん切り)・小さじ1
  │塩・・・・・・・ひとつまみ
  └粗びき黒こしょう・・適量
```

作り方：

1. ハムは5mm幅に細く切る。バターは1cm角に切り、使う直前まで冷蔵庫におく。

2. Aはボウルに入れて混ぜ合わせ、使う直前まで冷蔵庫におく。

3. Bとバターをボウルに入れ、ポロポロになるまですり混ぜる。ハムも加え、全体を混ぜる。

バターに粉を押しつけるように、ポロポロの粉チーズ状になるまですり混ぜる

4. 2を3のボウルに数回に分けて加える。全体がなじむよう、あまり練らずにカードで切るように混ぜる。

生地はカードで1/2量に分けてから重ねる。同様の作業を3〜4回くり返すことで、サックリとした歯ごたえの層に

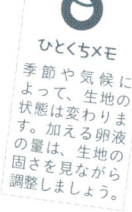

ひとくちメモ
季節や気候によって、生地の状態は変わります。加える卵液の量は、生地の固さを見ながら調整しましょう。

5. 4がひとまとまりになったら、打ち粉(分量外)をふった台に取り出す。16cm×12cmほどの長方形に形を整え、8等分に切り分ける。

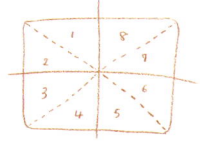

6. 天板にオーブン用シートを敷いて5を並べ、180度のオーブンで15分ほど焼く。ケーキクーラーにのせて冷ます。

豆知識 &栄養ポイント
スコーンは、イギリスのスコットランド地方で生まれたパン菓子。ナイフなどは使わず、手で横半分に割って食べるのがマナーといわれています。チョコレートやナッツを練り込んだ甘いものから、ベーコンやチーズを練り込んだ塩気のあるものまで、バリエーションはさまざま。サラダやスープを添えれば、立派な軽食になりますよ。

春野菜のクラムチャウダー
春野菜をたっぷり使った、季節の訪れを感じるスープ

難易度 ★★★★★

材料：（4人分）

あさり(殻つき)・・・300g
じゃがいも・・・・・大1個
玉ねぎ・・・・・・・1/2個
たけのこ(水煮)・・・1/2個
菜の花・・・・・・・1/2束
牛乳・・・・・・・・400cc
バター・・・・・・・20g
薄力粉・・・・・・・大さじ2
固形コンソメ・・・・1個
塩、こしょう・・・・各適量
水・・・・・・・・・400cc

作り方：

1. じゃがいも、玉ねぎ、たけのこは、それぞれ1cm角に切る。菜の花は湯がき、1cm長さに切る。

2. 鍋にあさりと水200ccを入れ、ふたをして中火にかける。あさりの口が開いたら、汁ごとほかの器に取り出す。

3. 2の鍋にバターを入れて溶かし、玉ねぎを透き通るまで炒める。たけのこ、じゃがいもの順に加えて炒め、塩とこしょうをする。薄力粉を全体にまぶしかける。

エコポイント
同じ鍋を使えば、洗いものが減ってエコ！

4. あさりの汁と残りの水、牛乳を3の鍋に加え、強火にかける。沸騰したらコンソメを加え、弱火で5〜6分煮る。あさりと菜の花を加え、塩とこしょうで味を調える。

いちごゼリー
フレッシュないちごゼリーに、練乳の甘みをプラス

難易度 ★★★★★

材料：（4人分）

いちご・・・・・・1パック(約300g)
レモン汁・・・・・小さじ1
砂糖・・・・・・・80g
粉ゼラチン・・・・7g
水・・・・・・・・50cc
A ┤牛乳・・・・大さじ1
　 └練乳・・・・大さじ1

作り方：

1. ゼラチンは水に入れ、ふやかす。

2. いちごは洗ってへたを取り、ミキサーにかける。全量が400ccになるまで水(分量外)を加え、鍋に入れる。

エコポイント
ミキサーからいちごを取り出した後、少量の水でもう一度混ぜれば、ミキサーにこびりついたいちごも無駄なく使えます。洗いものも楽になって一石二鳥！

3. 2に砂糖を加えて中火にかける。煮立ったら火を止め、レモン汁と1を加えて溶かす。

4. 3を濾しながらボウルに移す。底を氷水に当て、とろみがつくまで静かにかき混ぜる。

5. 4を器に注ぎ入れて冷蔵庫で冷やし固め、Aを混ぜ合わせてかける。

本格派のおもてなしに
ほっこりアイリッシュシチュー

澄んだスープがきれいなアイリッシュシチューは、アイルランドの家庭料理。
栄養豊富なラム肉を使い、本格派の味わいに仕上げました。
アップルハートクッキーは、ハートの形がキュートなクッキータイプのケーキです。

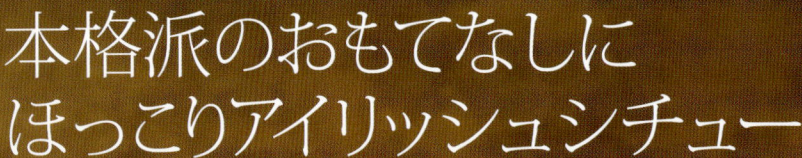

アイリッシュシチュー

体がぽかぽか温まる、栄養満点のシチューです

難易度 ★★★★★

材料：(4人分)

ラム肉(かたまり)・・・・300g	水・・・・600cc
じゃがいも・・・・・・・大2個	A { タイム・・6本
にんじん・・・・・・・中2/3本	ローリエ・1枚
ペコロス(玉ねぎ中1個で代用可)・8個	顆粒コンソメ・小さじ2
ブロッコリー・・・・・・1/4株	白ワイン・・・50cc
にんにく(みじん切り)・・・1片分	オリーブ油・・大さじ1
	塩、こしょう・・各適量

作り方：

1. ラム肉は食べやすい大きさに切る。鍋にオリーブ油を熱し、焼き色がつくまで強火で焼く。白ワインを加えて煮立て、水分が飛んできたら塩とこしょうを強めにし、バットにあける。

2. じゃがいもとにんじんは皮をむく。じゃがいもは1/4等分に、にんじんは乱切りにする。ペコロスは皮をむき、ブロッコリーは小房に分ける。

3. 1の鍋ににんにくを入れて炒め、ブロッコリー以外の2を加えて軽く炒める。

4. 3に1のラム肉とAを加えて沸騰させる。コンソメとブロッコリーを加えてふたをし、弱火で15分ほど煮込む。

マッシュルームのディップ

さわやかなディルとクリームチーズは相性抜群！

難易度 ★★★★★

材料：(4人分)

玉ねぎ(みじん切り)・・・・60g	ディル(みじん切り)・約2本分
ブラウンマッシュルーム(みじん切り)・4個	パセリ(みじん切り)・適量
クリームチーズ・・・・150g	オリーブ油・・・小さじ2
A { ブランデー・・・小さじ1/2	塩、こしょう・・・各少々
おろしにんにく・・少々	バゲット・・・・好みの分量
レモン汁・・・・・少々	

作り方：

1. フライパンにオリーブ油を熱して玉ねぎ、マッシュルームの順に炒め、塩とこしょうをする。バットにあけて粗熱をとる。

2. ボウルにクリームチーズを入れてなめらかになるまで混ぜ、Aを加える。1を加えて混ぜ、ディルを加えて塩とこしょうで調味し、器に盛ってパセリを散らす。トーストしたバゲットを添える。

アップルハートクッキー

見た目もかわいいクッキーは、プレゼントにもおすすめ

難易度 ★★★★★

材料：(直径8.4cmのハート型4個分)

りんご・・・・・80g	水・・・・・200cc
さつまいも・・・80g	A { 砂糖・・・・・20g
薄力粉・・・・・130g	レモン汁・・・小さじ1
バター・・・・・50g	B { 生クリーム・・100cc
水・・・・・・・25cc	グラニュー糖・・大さじ1
シナモンパウダー・適量	

作り方：

1. りんごは角切りにする。さつまいもは皮を厚めにむいて1cmの角切りにし、水(分量外)に浸してあくを抜く。

2. 鍋に1とAを加えて煮る。さつまいもが少し柔らかくなったら火を止め、粗熱をとる。

3. 薄力粉はふるってボウルに入れ、バターを加えてポロポロになるまで指先ですり混ぜる。水を少量ずつ加え、粉っぽさがなくなったら、ひとまとめにする。柔らかくなってしまったら、冷蔵庫におく。

4. 台に打ち粉(分量外)をして3をめん棒で伸ばし、ハート型で8枚抜く。上に重ねる生地は、さらに少し伸ばす。フォークで数カ所穴をあける。生地に2をのせてもう1枚を重ね、ふちをフォークで押さえてとじる。天板にオーブン用シートを敷いて並べ、200度のオーブンで15〜20分焼く。

5. Bを合わせて7分立てに泡立て、器に盛った4に添える。シナモンパウダーをふり、温かいうちにいただく。

21

気取らずごちそう
中華料理の人気メニュー

老若男女に好かれる"えびチリ"は、中華料理の人気ランキング上位の常連。
季節を問わず、いつでも気軽に作れます。
大きめのえびを使えば、豪華さもぐんとアップ！

えびのチリソース

プリプリのえびにソースがからみ、ご飯も進みます

難易度 ★★★★★

材料：(4人分)

- えび・・・・・・20尾
- A ┃ 塩・・・・・・小さじ1
-   ┃ かたくり粉・・適量
- ワンタンの皮・・・12枚
- ねぎ・・・・・・適量
- B ┃ ごま油・・・・小さじ1
-   ┃ 塩・・・・・・ひとつまみ
-   ┃ 重曹、こしょう・各少々
- 水溶きかたくり粉・適量
- 水・・・・・・・120cc
- ねぎ(みじん切り)・1/2本分
- おろしにんにく・・1片分
- トマトケチャップ・大さじ3
- スイートチリソース・大さじ3
- C ┃ 砂糖・・・・・大さじ1/2
-   ┃ 酒・・・・・・小さじ2
-   ┃ しょうゆ・・・小さじ1/2
-   ┃ 鶏がらスープの素・小さじ2/3
-   ┃ 豆板醤・・・・小さじ2/3
-   ┃ 塩・・・・・・小さじ1/3

作り方：

1. えびは殻をむいて背開きにし、背わたを取る。Aをふって水少量でもみ洗いをし、流水で洗って水気を拭く。ワンタンの皮は1cm幅に切る。ねぎはせん切りにして水にさらし、水気をきる。
2. ボウルにBを入れて混ぜ、えびを加えて下味をつける。
3. 160度の揚げ油でワンタンの皮を色よく揚げ、えびはさっと油通しする。
4. 鍋にCを入れて強火にかけ、沸騰したらえびを加える。ひと煮立ちしたら水溶きかたくり粉を加え、とろみをつける。
5. 器にワンタンの皮を敷いて4を盛り、ねぎを飾る。

中華風コーンスープ

鶏がらスープとごま油が効いた人気のスープ

難易度 ★★★★★

材料：(4人分)

- 玉ねぎ・・・・・・1/2個
- 卵・・・・・・・・1個
- 薄力粉・・・・・・20g
- A ┃ 鶏がらスープの素・大さじ1
-   ┃ 湯・・・・・・500cc
- 牛乳・・・・・・・130cc
- クリームコーン(缶詰)・1缶(約400g)
- サラダ油・・・・・大さじ2
- ごま油・・・・・・適量
- 塩、こしょう・・・各少々

作り方：

1. 玉ねぎはみじん切りにする。卵は溶きほぐす。
2. 鍋にサラダ油を熱して玉ねぎを炒め、しんなりしたら薄力粉を加え、粉っぽさがなくなるまで炒める。Aを合わせて牛乳を少量ずつ加えて煮、クリームコーンも加えてさらに煮る。塩とこしょうで味を調える。
3. 2に溶き卵を回し入れ、火を消す直前にごま油をたらす。

山くらげのしょうがあえ

コリッとした食感が楽しく、箸休めにぴったり

難易度 ★★★★★

材料：(4人分)

- 山くらげ(乾燥)・・・40g
- しょうが・・・・・2かけ
- A ┃ ごま油・・・・大さじ2
-   ┃ 昆布茶・・・・小さじ2/3
-   ┃ 砂糖・・・・・小さじ2/3
-   ┃ 塩・・・・・・小さじ1/3

作り方：

1. 山くらげはさっと水洗いし、途中2〜3回水を変えながら、ひと晩水に浸けてもどす。水気をきり、食べやすい長さに切る。3分ゆでてざるに上げ、水気をきる。
2. しょうがはごく細いせん切りにする。
3. Aを合わせて1とあえ、2をのせる。

豆知識 & 栄養ポイント 「山くらげ」は「茎レタス」とも呼ばれ、その正体は、野菜の茎を割いて乾燥させたもの。コリコリとした食感がくらげに似ていることから「山くらげ」と呼ばれているそう。食物繊維やカルシウム、鉄分を豊富に含んでいます。

おもてなしの盛りつけポイント

FROM PANTRY

「おもてなし」というと、少し身構えてしまうかもしれませんが、実はほんのちょっとの工夫と心がけで、いつものご飯もワンランクアップします。器もたくさんそろえる必要はありません。例えばレストランも、限られた食器を最大限に活かして、お客さまにお出ししているんですよね。料理教室でも実践している、簡単かつ効果的な盛りつけ方と、食器使いのポイントをご紹介します。

【盛りつけのポイント】

☆丁寧に盛る

「えっ！こんなこと？！」と思われるかもしれませんが、実はこれが一番大事。基本は、器の真ん中に、立体的になるよう高さを出して盛ること。または、直線や放射状に整然と並べる。飛び散った汁はきれいに拭き取る。彩りのバランスを考える。これだけで、ぐっとおもてなし感が増します。

鶏ひき肉とドライトマト、春菊のパスタ
左：適当盛り
右：丁寧盛り

ほたてとかぶ、キウイのマリネ
左：平たい器に雑然と盛る
右：縦一列に整然と盛る（周囲にマリネ液をかける）

☆盛る量をテーマによって変えてみる

器に対して盛る量を少なくし、余白部分を多くすると、高級感や上品さが生まれます。逆に、多めの量をもりっとラフな感じに盛ると、カジュアルでにぎやかな雰囲気に。おもてなしや食卓のテーマに合わせましょう。

野菜とスモークチーズのマリネ
左：皿の中央に少量盛り
右：パーティー風大皿盛り

☆トッピングをする

料理の仕上げに、彩りや香りをプラス。これをするのとしないのとでは、見た目に大きな違いが出ます。例えば洋食なら、パセリ、オリーブ油、こしょうさえあれば、あらゆる料理に対応できます。パセリはドライが保存に便利。こしょう類は、粗びき黒こしょうとピンクペッパーの粒があると、バリエーションがぐんと広がります。これらを料理の仕上げにふったり、器の余白部分に散らせば、一気にレストラン風になりますよ。

イタリアンケーキ押し寿司
左：トッピングなし
右：トッピングあり

からすみのクリームチーズパスタ
器のふちにからすみと黒こしょうをトッピング

　　　＜おすすめのトッピング食材＞
　　和　食）大葉やあさつきなど緑の薬味、
　　　　　　ごま、のり
　　中　華）糸唐辛子、ごま油
　　お菓子）ココア、シナモン、粉糖などのパウダー類、
　　　　　　セルフィーユやミントなどのハーブ類

【食器使いのポイント】

☆**まずはテーマを決める！**

　手持ちの食器や小物から、季節や国、色味、カジュアル、おめかしなど、テーマに近いものを選びましょう。コーディネートに統一感を出すことで、美しくまとまった印象になります。

☆**白や黒などのシンプルな器＋ガラス食器＋色柄の器**

　白や黒の食器が便利なのは言うまでもありませんが、それだけだと味気ないもの。おすすめは、シンプルな器にペーパーナプキン、ガラス食器の順で重ねること。ペーパーナプキンの色や柄によって、印象をガラリと変えることができます。色柄の器は、自分の好みに忠実に。それだけで、自然とテイストは合うものです。

サラダ ニソワーズ
白プレートにペーパーナプキンをのせ、ガラス食器をおく

☆**食器を重ねて使う**

　いつもは別におくソース類を、料理と同じ器にのせる（写真Ⓐ）だけでも、レストラン風に変身。スプーンやレンゲを小皿代わりに使っても（写真Ⓑ）素敵です。のせるときは、汁ものを深めの器に入れて高低差を出したり（写真Ⓒ）、ペーパーを敷いたりすると、ワンプレートでもリズムが出ます。

Ⓐゆり根のコロッケ
料理と同じ器にソースを入れた小皿をのせる

Ⓑキウイかん
キウイかんをのせたレンゲを器に並べる

Ⓒマッシュルームのディップ
木のプレートに、ディップを入れた器とバゲットをのせる

☆**クロス・ランチョンマット・箸置き**

　これらはあると便利で、よりおもてなし感が増しますが、わざわざ買わなくても大丈夫。例えばクロスやランチョンマットは、お気に入りのハンカチや、マスキングテープでアクセントをつけた色紙をカラーコピーしたもので代用OK。アイデア次第で、手軽にテーブルを飾ることができます。油じみなど目立つ汚れがなければ、何度かくり返して使えますよ。

ハンカチや色紙をカラーコピーしたランチョンマットなら、季節の柄など好みで作れる

ハーブについて

FROM PANTRY

　人々は、薬効のある植物として、古くからハーブに親しんできました。傷を癒したり、煮出して煎じ薬として飲んだり、またその芳醇な香りを活かして香水やポプリなどにも利用してきました。
　日本でも「大葉」や「山椒」など、身近なところにハーブは存在します。さわやかな香りのハーブは、料理の風味づけをはじめ、食欲増進や消化促進にも大活躍。香りの魔術師・ハーブを使って、いつもの料理をワンランクアップさせてみませんか？

バジル　Basil

特徴：シソ科で葉は柔らかく、すがすがしい香り。トマトやチーズとの相性がよく、イタリア料理には欠かせない。
用途：パスタ、ピザ、サラダ、肉・魚料理などに。

ミント　Mint

特徴：スーッとする清涼感があり、ガムや医薬品にも使われる。スペアミントやペパーミントなど数十種類が存在する。
用途：肉料理、茶、菓子、料理のトッピングなどに。

ローズマリー　Rosemary

特徴：松のようなとがった葉をし、強く野性味のある香り。肉のにおい消しに多用される。若返りのハーブとしても有名。
用途：肉料理、煮込み料理、ヴィネガーやオイルの風味づけに。

パセリ　Parsley

特徴：日本でもおなじみのパセリは、どんな料理とも相性◎。写真のように葉の平らなイタリアンパセリは西洋料理に大活躍。
用途：煮込み料理、サラダ、ドレッシング、ソース、料理のつけ合せなどあらゆる料理に。

コリアンダー（香菜）　Coriander

特徴：パクチーとも呼ばれ、強いクセのある香り。東南アジアをはじめ、中南米やアラブなど世界中で使われる人気の高いハーブ。
用途：カレー、炒めもの、料理のつけ合せ、スープなどの薬味に。

ローリエ（ローレル・ベイリーフ）　Laurel

特徴：基本的なハーブの一つで、甘く上品な香り。日本では「月桂樹」の名で知られ、世界中で親しまれている。
用途：煮込み料理、オーブン料理、ピクルス、マリネ、ソースなどに。

タイム　Thyme

特徴：気品のあるさわやかな香り。ローリエやパセリとともにブーケガルニ（香草の束）には欠かせない。
用途：煮込み料理、肉・魚料理、ソース、オイルの風味づけなどに。

ディル　Dill

特徴：柔らかなごく細い葉をつけ、さわやかで上品な香り。サーモンのマリネに多用される。
用途：魚料理、ピクルス、サラダ、ハーブティーなどに。

part.2

エスニック＆和風で食欲増進レシピ

パンにはさんで
スパイシーチキン

トルコ料理のケバブを自宅で簡単に作ってみたい！　そんな思いから生まれたレシピ。
そぎ切りにしたチキンやえびサラダをパンではさみ、ホットトマトソースをかけて召し上がれ。
ピクニックに持って行ってみんなではさめば、どんどん食べられそう！

ケバブ風スパイスチキンサンド
食べれば元気になる、スパイシーなチキン

難易度 ★★★★★

材料：(4人分)

＜スパイスチキン＞
鶏むね肉・・・・・・・1枚
塩、こしょう・・・・・各少々
A ┃ おろし玉ねぎ・・・1/2個分
　 ┃ おろしにんにく・・1片分
　 ┃ ローズマリー・・・2本
　 ┃ プレーンヨーグルト・大さじ1
　 ┃ オールスパイス・・大さじ1
　 ┃ トマトペースト・・小さじ2
　 ┃ トマトケチャップ・小さじ1
　 ┃ レモン汁・・・・・小さじ1
　 ┃ クミンパウダー・・小さじ1
　 ┃ シナモンパウダー・小さじ1/2
パプリカパウダー・・・・適量

＜ホットトマトソース＞
B ┃ おろしにんにく・・1片分
　 ┃ トマトペースト・・大さじ2
　 ┃ レモン汁・・・・・大さじ1
　 ┃ トマトピューレ・・70g
　 ┃ パセリ(みじん切り)・小さじ1
　 ┃ オレガノ・・・・・小さじ1
　 ┃ カイエンペッパー・適量
プレーンヨーグルト・・・大さじ1
玉ねぎ・・・・・・・・1/4個
サニーレタス・・・・・適量
ピタパンなど好みのパン・適量

作り方：

1. スパイスチキンを作る。
   鶏肉は皮を取りのぞき、両面に塩とこしょうをふる。Aを混ぜ合わせてビニール袋に入れ、鶏肉を加えてよくもみ、冷蔵庫にひと晩おく。

2. 1をアルミホイルで包んで天板にのせ、パプリカパウダーを全体にまぶす。230度のオーブンで20分ほど焼き、粗熱がとれたらそぎ切りにする。

3. ホットトマトソースを作る。
   小鍋にBを入れ、弱火でかき混ぜながら、ぐつぐつするまで温める。火を止めて粗熱をとり、プレーンヨーグルトを混ぜる。

4. 玉ねぎは極薄切りにして水にさらし、水気をきる。サニーレタスは食べやすい大きさにちぎる。

5. 2のスパイスチキンと4の野菜をパンに挟み、3のホットトマトソースをかける。

豆知識 & 栄養ポイント
ケバブとは、中東で食べられる、肉類をローストして作る料理のこと。さまざまな焼き肉料理がケバブと総称され、ミートボールやハンバーグもケバブなんだとか。日本では、回転させながら焼いたかたまり肉をそぎ切りした「ドネルケバブ」が有名です。スパイシーなチキンとたっぷりの野菜で、栄養補給をしてくださいね！

えびサラダ

そのままはもちろん、好みの野菜とパンではさんでも

難易度 ★★★★★

材料：(4人分)

むきえび(冷凍)・・・・・12尾
玉ねぎ・・・・・・・・1/2個
ブロッコリー・・・・・・1/3株(70g)
卵・・・・・・・・・・1個
A ┤ マヨネーズ・・・・・大さじ3
　　 ピクルス(みじん切り)・大さじ2
　　 レモン汁・・・・・・小さじ1
　　 塩、黒こしょう・・・各少々

作り方：

1. えびは冷水で解凍し、ゆでる。玉ねぎはみじん切りにする。ブロッコリーと卵は、ゆでてみじん切りにする。

2. 1をボウルに入れて混ぜ合わせ、水気をよくきる。

3. Aを合わせて2に加え、よく混ぜ合わせる。

豆知識 & 栄養ポイント　えびなどの甲殻類には、タウリンが豊富。コレステロールを減らす、心臓、肝臓機能を高める、視力回復、インスリンの分泌促進、高血圧の予防など、さまざまな効果があるといわれています。人間の体内でも作られますが、必要量に足らないため、食品からも積極的に摂取しましょう！

マンゴームースプリン

バニラアイスで手軽に作れる、風味豊かなプリン

難易度 ★★★★★

材料：(4人分)

バニラアイスクリーム・・70g
マンゴー(冷凍)・・・・160g
レモン汁・・・・・・・小さじ1
粉ゼラチン・・・・・・5g
水・・・・・・・・・・大さじ2
A ┤ 砂糖・・・・・・・大さじ2
　　 水・・・・・・・・80cc
B ┤ 生クリーム・・・・40cc
　　 バニラエッセンス・少々

ミントの葉・・・・・・・適量

作り方：

1. バニラアイスは、とろとろになるまで常温で溶かす。

2. マンゴーは冷蔵庫において解凍する。飾り用に10gを残し、レモン汁とともになめらかになるまでミキサーにかける。

3. 飾り用のマンゴーは、8mmほどのさいの目切りにする。

4. 粉ゼラチンは水でふやかす。

5. 小鍋にAを入れて火にかけ、少し煮立ったら火を止めて4のゼラチンを加えて溶かし、ボウルに移す。2を加えて泡だて器で混ぜる。バニラアイスとBを加え、よく混ぜる。

6. 5を器に流し入れて粗熱をとり、冷蔵庫で冷やし固める。3とミントを飾る。

31

エスニックな香りの
パスタブランチ

イタリアンとエスニックの素敵な出会い。
ちょっとスパイシーなパスタには、甘くてカラフルなサラダが好相性！
食後には、とろ〜り濃厚なアボカドミルクをデザート代わりに。
普段使いの食材も、おしゃれに生まれ変わります。

カレーシーフードパスタ
カレーの風味が食欲を誘います

■難易度 ★★★★★

材料：（4人分）

スパゲッティ・・・300g	
シーフードミックス（冷凍）・300g	
玉ねぎ・・・・・中1個	A｛ 塩、こしょう・・各少々
パプリカ（赤）・・1/3個	顆粒コンソメ・・小さじ1
にんにく・・・・2片	カレー粉・・・小さじ2
しょうが・・・・にんにくと同量	B｛ クミンパウダー・小さじ1/4
赤唐辛子・・・・1本	オールスパイス・少々
白ワイン・・・・大さじ4	パセリ（みじん切り）・適量
オリーブ油・・・大さじ2	パルメザンチーズ・・適量

作り方：

1. スパゲッティは塩（分量外）を加えた湯で、表示時間よりも1分短めにゆでる。

2. シーフードミックスは冷蔵庫において半解凍し、水気をきる。

3. 玉ねぎとパプリカは薄切りにする。

● エコポイント
野菜は薄切りにすることで、短時間で火が通ります。

4. にんにくとしょうがはみじん切りにする。

5. フライパンにオリーブ油と4を入れ、弱火でじっくりと炒める。香りが立ったら中火にし、3と赤唐辛子を加えて炒める。

6. 5に2を加え、半分ほど火が通ったところで強火にし、白ワインを加えてアルコール分を飛ばす。Aをふって1を加え、Bをふって全体をあおる。器に盛り、パセリとパルメザンチーズをふる。

パイナップルサラダ
パイナップル缶がおしゃれなサラダに変身！

■難易度 ★★★★★

材料：（4人分）

パイナップルスライス（缶詰）・6枚	パセリ（みじん切り）・大さじ1
ミニトマト・・・・・12個	レモン汁・・・小さじ2
きゅうり・・・・・1本	オリーブ油・・・大さじ1と1/2
玉ねぎ・・・・・小1/4個	塩、こしょう・・各少々

作り方：

1. パイナップルは1枚を8等分に切る。ミニトマトは半分に切る。きゅうりは横半分に切ってから斜め薄切りにする。玉ねぎはみじん切りにして塩もみし、水にさらして水気を絞る。

2. レモン汁に塩を加えて溶かし、オリーブ油を少量ずつ加えながらよく混ぜる。こしょうで調味する。

3. 1とパセリをボウルに入れ、2を加えてよくあえる。

ひとくちメモ
玉ねぎを水にさらすときは、市販のお茶袋やだし袋を使うと便利！

アボカドミルク
ミキサーで簡単！やさしい甘さの濃厚なシェイク

■難易度 ★★★★★

材料：（4人分）

アボカド・・・1/2個	はちみつ・・・・・大さじ2
牛乳・・・・400cc	カルダモンパウダー・少々
レモン汁・・・小さじ2	

作り方：

1. アボカドは半分に切って種と皮を取り除き、ひと口大に切ってレモン汁をふり、色止めをする。

2. ミキサーに1と残りの材料を入れ、撹拌する。コップに注ぎ、好みでカルダモンパウダー（分量外）をふる。

胃にやさしくて温まる
卵と豆腐のあんかけ献立

ちょっぴりお疲れ気味の日は、やさしい食事で癒されましょう。
絹ごし豆腐を混ぜて焼く卵はほわほわと柔らかく、心までほどけるよう。
フライパンで作る焼きりんごは、トッピング次第で豪華なデザートに変身！

やわらか卵と豆腐のあんかけ
しいたけの風味が効いたあんをとろりとかけて

難易度 ★★★★☆

材料：（直径20cmのフライパン1個分）

豚肉（薄切り）・・50g
A { 酒・・・・小さじ1
　　塩・・・・ひとつまみ }
桜えび・・・・・3g
玉ねぎ・・・・・1/4個
しいたけ・・・・2個
絹ごし豆腐・・・1/2丁（約150g）

B { だし汁・・・170cc
　　しょうゆ・・小さじ2
　　みりん・・・小さじ1 }
かたくり粉・・・大さじ1/2
ごま油・・・・・小さじ3
C { 卵・・・・4個
　　だし汁・・大さじ2 }

作り方：

1. 豚肉は細かく切って、Aで下味をつける。桜えびはざく切りにする。玉ねぎとしいたけは薄切りにする。豆腐は水きりしてちぎる。

2. 鍋にしいたけとBを入れて熱し、倍量の水で溶いたかたくり粉でとろみをつける。

3. フライパンにごま油小さじ2を入れて熱し、桜えびと玉ねぎを炒める。玉ねぎが透き通ってきたら豚肉を加えて炒め、塩少々（分量外）をふる。残りのごま油を加える。

4. よく溶き混ぜたCを大さじ2ほど残して3に一気に流し込み、外側から大きくかき混ぜ、丸く整える。やや半熟になったら豆腐をのせ、残りのCを回しかける。ふたをし、くずれない程度に焼き固める。

5. 皿でフライパンにふたをし、ひっくり返す。焼けた面を上にしてフライパンに戻し、弱火で30秒〜1分焼いたら器に盛り、2をかける。

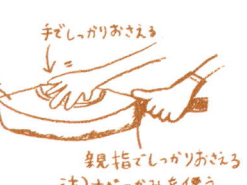
手でしっかりおさえる
お皿
親指でしっかりおさえる
注）ナベつかみを使う

だいこんの和風シーザーサラダ
だいこんをたっぷりと食べられます

難易度 ★★☆☆☆

材料：（4人分）

だいこん・・・・200g
にんじん・・・・1/4本
大葉・・・・・・3枚
油揚げ・・・・・1枚
塩・・・・・・・小さじ1/8
粉チーズ・・・・適量
粗びき黒こしょう・適量

A { ツナ（缶詰）・・・・1/2缶
　　レモン汁・・・・小さじ1と1/2
　　おろしにんにく・・小さじ1/6
　　マヨネーズ・・・・大さじ2
　　粉チーズ・・・・・大さじ1
　　牛乳・・・・・・・小さじ2
　　ゆずこしょう・・・小さじ1/6 }

作り方：

1. だいこんとにんじんは太めのせん切りにする。塩をふってしばらくおき、水気をよくきる。大葉はせん切りにして水にさらし、水気をよくきる。

2. 油揚げはフライパンでこんがりと色がつくまで焼き、5mm角に切る。

3. Aを混ぜ合わせて1とあえ、2を散らす。粉チーズと粗びき黒こしょうをふる。

フライパン焼きりんご
フライパン一つで極上デザートの完成！

難易度 ★★★☆☆

材料：（作りやすい量）

りんご・・・1個
バター・・・10g
砂糖・・・・大さじ1
リキュール（ラム酒やブランデーなど好みで）・・・・・大さじ1
バニラアイス、パイ菓子、シナモンなど好みで・・・・・適量

作り方：

1. りんごは8等分に切り、芯の部分は取り除く。

2. フライパンにバターの1/2量を入れて熱し、1を並べて両面を焼く。残りのバターと砂糖を加え、溶けて全体にからまったらふたをし、弱火で3分ほど加熱する。

3. りんごが柔らかくなったらふたを取り、ソースがカラメル状になってきたらリキュールを加え、フランベする。

4. 3を器に盛り、好みでバニラアイスやパイ菓子を添え、シナモンをふる。

暑い日の食欲不振には、するっと冷や汁

宮崎の郷土料理・冷や汁は、あじの干物やきゅうり、豆腐など具だくさんかつヘルシーで、満足感十分。
ごまやみそのコク、たっぷりの薬味も食欲をそそり、暑い夏でもするするっと入ります。
野菜たっぷりの、ヘルシーな小鉢とどうぞ。

冷や汁

のどにするっと心地よい、冷たいぶっかけご飯

難易度 ★★★★★

材料：(4人分)

あじの干物・・・・中1枚
きゅうり・・・・・1本
大葉・・・・・・・10枚
みょうが・・・・・2個
もめん豆腐・・・・1丁
合わせみそ・・・・大さじ5
白ごま・・・・・・大さじ4
冷水・・・・・・・400cc
氷・・・・・・・・適量
ご飯・・・・・・・4人分

作り方：

1. あじの干物はグリルで焼き、骨と皮を取り除いてほぐす。油(分量外)を塗ったアルミホイルにみそを塗り、弱火で軽く焦げ目がつくまで焼く。ご飯は常温に冷ます。

2. きゅうりは薄切りに、大葉とみょうがはせん切りにする。

3. ごまはすり鉢で半ずりにし、1のみそとあじを順に入れてさらにする。冷水を加えて伸ばす。きゅうりと手でくずした豆腐を加える。

4. ご飯を器に盛って3を注ぎ、氷を浮かべる。大葉とみょうがをのせてごま適量(分量外)をふる。

豆知識 & 栄養ポイント

冷や汁といえば、宮崎県の夏の郷土料理として有名ですね。魚の身をほぐし、白ごまやみそと一緒にすり鉢ですり、水やだし汁でのばす。これを冷やしてご飯にかけ、豆腐やきゅうりをのせたら、大葉やみょうが、ねぎなどの薬味をたっぷりプラス。食欲が落ちる夏に不足しがちなたんぱく質やビタミンBがたっぷりなので、夏バテ予防にもとても効果的です。魚は、いりこやあじを使うのが一般的ですが、決まりはありません。かつお節を炒ってもんだり、余ったお刺身を焼いて使っても、おいしいですよ。

ひとくちメモ
みその塩分によって、冷水の量は加減してください。

ピーマンの黄身あえ
とろりとした黄身をからめ、やさしい味わいに

難易度 ★★☆☆☆

材料：(4人分)

ピーマン(緑)・・・・・4個
ピーマン(赤)・・・・・2個
卵黄・・・・・・・・・4個分
にんにく(みじん切り)・・小さじ1/4
ごま油・・・・・・・・大さじ1/2
しょうゆ・・・・・・・少々
かつお節・・・・・・・適量
塩、こしょう・・・・・各少々

作り方：

1. ピーマンはせん切りにする。

2. フライパンにごま油とにんにくを入れて弱火で炒め、香りが出てきたら1を加えて中火で炒める。

3. 塩とこしょうで調味し、器に盛る。卵黄を真ん中に落としてしょうゆをかけ、かつお節を散らす。

豆知識＆栄養ポイント いつも脇役のピーマンですが、実は栄養がとても豊富。ビタミンCはトマトの約4倍もあり、カリウムや鉄分などもたくさん含まれます。赤ピーマンは緑ピーマンよりも栄養豊富でなんとビタミンCは約2倍！ 積極的にとりたいですね。

エコポイント 余った卵白は、スープやおみそ汁の具として活用を。冷凍保存しておくと1カ月は持ちますよ。

冬瓜の水晶煮
ひんやりジューシーな夏の旬野菜

難易度 ★★☆☆☆

材料：(作りやすい量)

冬瓜・・・正味400g

A { だし汁(昆布)・・・300cc
    みりん・・・・・大さじ1
    塩・・・・・・・小さじ1/2 }

作り方：

1. 冬瓜は種とわたを切り落として皮を薄くむき、ひと口大に切って面取りをする。熱湯で軽く下ゆでし、水洗いをする。

2. 鍋にAを入れて1を加え、落しぶたをして弱火で柔らかくなるまで煮る。粗熱がとれたら冷蔵庫で冷やす。

豆知識＆栄養ポイント 薄味でさっぱりとした食感が持ち味の冬瓜は、夏の旬野菜。95%は水分で、カリウムを多く含みます。カリウムには塩分を排泄する役割があるので、高血圧予防に◎。また、ビタミンCを含むので、美肌や風邪対策にも効果的です。

さっぱりヘルシー
さわやかトマトカレー

トマトやなす、モロヘイヤなど、元気が出そうな夏野菜たっぷりの献立です。
トマトカレーは、缶詰のトマトと生トマトの合わせ技で、おいしさアップ！
さっぱりと食べられます。

トマトカレー

たっぷりのトマトがさわやかなヘルシーカレー

難易度★★★☆☆

材料：(4人分)

- 豚肉(こま切れ)・・・200g
- むきえび・・・・・20尾
- トマト・・・・・・中1個
- 玉ねぎ・・・・・・1個
- オリーブ油・・・・大さじ2
- A
  - にんにく(みじん切り)・・大さじ1
  - しょうが(みじん切り)・・大さじ1
- B
  - カレーパウダー・・大さじ2
  - チリパウダー・・・小さじ1/2
  - コリアンダー・・・小さじ1/3
  - ガラムマサラ・・・小さじ1/3
  - クミンパウダー・・小さじ1/3
- C
  - カットトマト(缶詰)・1缶(400g)
  - ローリエ・・・・1枚
  - 固形コンソメ・・・2個
  - 水・・・・・・・50cc
- D
  - レモン汁・・・・小さじ2
  - しょうゆ・・・・小さじ2
  - はちみつ・・・・小さじ1
- 塩、黒こしょう・・・各適量
- ご飯・・・・・・・・適量
- ミントの葉・・・・・適量

作り方：

1. 豚肉は食べやすい大きさに切り、塩と黒こしょうをふってもむ。えびは背わたを取り、トマトは1cm角に切って、それぞれ塩と黒こしょうをふる。玉ねぎは薄切りにする。

2. フライパンにオリーブ油大さじ1、Aの各1/2量を入れ、弱火にかける。香りが出たら強火にし、豚肉とえびを順に加えて炒める。Bのカレーパウダーの1/2量をふり、8割ほど火が通ったら器にあける。

エコポイント
しょうがの皮には栄養も香りもいっぱい。皮ごと使うと生ごみ削減にもなりますよ。

3. 2のフライパンに残りのオリーブ油を入れて中火にかけ、残りのAと玉ねぎを加えて炒める。玉ねぎがしんなりしたらBを加えて炒め、Cを加えて5分ほど煮つめる。

4. 3に2の豚肉とえびを戻し入れ、完全に火が通ったらDを加え、塩と黒こしょうで味を調える。

5. 器にご飯を盛って4をかけ、1のトマトとあればミントを添える。

なすのエスニックマリネ

東南アジア風なすのおばんざい

難易度★★☆☆☆

材料：(4人分)

- なす・・・・・3本
- みょうが・・・1個
- にんにく・・・1片
- ごま油・・・・小さじ2
- A
  - 水・・・・・・150cc
  - ナンプラー・・大さじ2
  - レモン汁・・・小さじ1
  - 砂糖・・・・・小さじ1/2

作り方：

1. なすはへたを取って縦半分に切り、蒸気の上がった蒸し器に並べて柔らかくなるまで蒸す。粗熱がとれたら縦4等分に裂く。

2. みょうがはせん切りに、にんにくは薄切りにする。

3. にんにくとAをボウルに入れて混ぜ、1を漬けて冷蔵庫で冷やす。器に盛ってごま油をかけ、みょうがを添える。

ひとくちメモ
余った漬け汁は冷しゃぶにかけてもおいしい！

モロヘイヤのスープ

ネバネバ野菜のスタミナスープ

難易度★★☆☆☆

材料：(4人分)

- モロヘイヤ・・・1束
- にんにく・・・・2片
- オリーブ油・・・小さじ1
- バター・・・・・小さじ1
- A
  - 顆粒コンソメ・・・小さじ2
  - 湯・・・・・・・600cc
- B
  - コリアンダーパウダー・・小さじ1/5
  - カルダモン・・・・・少々
- 塩、黒こしょう・・・各少々

作り方：

1. モロヘイヤは水洗いして茎の固い部分を取り除き、みじん切りにして粘りを出す。にんにくもみじん切りにする。

2. 鍋にオリーブ油とバター、にんにくを入れて弱火で炒め、にんにくの香りが出てきたら、Aを加えて煮立たせる。2に1とBを加えて3分ほど煮、塩と黒こしょうで調味する。

夏野菜のさっぱりやさしい滋味ご飯

夏に旬を迎える野菜をたくさん使って、じんわりおいしい和食はいかが。
夏バテで疲れた体にもやさしく効きます。
赤・緑・黄の彩り豊かなおにぎりや、緑が涼しげなあえものは、目にも楽しい！

真夏のカラフルおにぎり

たっぷりの梅で疲労回復！　お弁当にもどうぞ

難易度 ★★☆☆☆

材料：(8個分)

米・・・・・・・2合
とうもろこし・・・100g（正味）
枝豆・・・・・・60g（正味）
カリカリ梅・・・25g（正味）
昆布・・・・・・1枚（2cm×3cm）
酒・・・・・・・大さじ1と1/2
塩・・・・・・・小さじ1/2

作り方：

1. とうもろこしは包丁で実をそぐ。枝豆はさやから実を出す。取り出しにくい場合は、1分ほどゆでる。

2. 梅は種をのぞき、粗みじん切りにする。

3. 米を研いで2合分に水加減し、昆布を加えて30分以上浸水させる。酒と塩を加えて混ぜ、1をのせて炊く。

エコポイント
とうもろこしの芯も一緒に入れて炊くと、より風味よく炊き上がります。

4. 3に2を混ぜて塩（分量外）で調味し、好みの形ににぎる。

鶏団子のバタみそスープ

やさしい味のおみそ汁に、バターでコクをプラス

難易度 ★★☆☆☆

材料：(4人分)

鶏ひき肉・・・130g
はんぺん・・・70g
オクラ・・・8本
きくらげ・・・4g
干ししいたけ・・4枚

A ｛
水・・・・・・小さじ1
砂糖・・・・・小さじ3/4
かたくり粉・・小さじ3/4
塩・・・・・・小さじ1/3
｝

だし汁・・・・・・600cc
みそ・・・・・・・大さじ1と1/4
バター・・・・・・15g

作り方：

1. オクラはがくを取り除き、食べやすい大きさに切る。きくらげは水でもどし、みじん切りにする。干ししいたけは水でもどし、食べやすい大きさに切る。

2. 鶏ひき肉とはんぺんは、手でつぶすようにしながら混ぜ合わせる。

3. きくらげとAを2に加えてよくこね、12等分にして丸める。

4. 鍋にだし汁を入れ、沸騰したら干ししいたけと3を静かに入れ、中火で煮る。オクラを加えて火が通ったらみそを溶かし入れる。器に盛り、バターを1/4量ずつのせる。

刺身こんにゃくのあえもの

しょうがを効かせて食欲増進！

難易度 ★★☆☆☆

材料：(4人分)

刺身こんにゃく・・75g
山いも・・・・・85g
きゅうり・・・・・1/2本
わかめ・・・・・・30g
大葉・・・・・・・2枚

A ｛
ねぎ（みじん切り）・5cm分
おろししょうが・・・2かけ分
赤唐辛子（輪切り）・3〜4つ分
すりごま・・・・・小さじ1
しょうゆ・・・・・大さじ1
砂糖・・・・・・・小さじ2/3
ごま油・・・・・・小さじ1/2
塩、こしょう・・・各適量
｝

作り方：

1. 刺身こんにゃくはさっと水洗いし、食べやすい大きさにそぎ切りにする。山いもは皮をむき、きゅうりとともに乱切りにする。わかめは水につけて塩抜きし、食べやすい大きさに切る。

2. 大葉はせん切りにする。

3. Aを混ぜ合わせて1とあえ、2をのせる。

スパイスについて

FROM PANTRY

　スパイスというと、辛いイメージを持つ人も多いのでは？　もちろんスパイシーなものもありますが、実際には苦みのあるものから甘みのあるものまでさまざま。ひとふりするだけで、普段の料理に香りやコクがプラスされます。その歴史は古く、大航海時代には、スパイスの独占権を求めてヨーロッパの国々が熾烈な戦いを繰り広げたほど価値のあるものだったとか。香りやコク以外にも、食材の保存性を高めたり、薬効があったり、その役割は計り知れません。スパイスの特徴を知って、料理をいっそうおいしく変身させましょう！

シナモン　Cinnamon
特徴：樹皮を切り取り乾燥させたもの。日本では「ニッキ」や「桂皮」の名で知られている。甘い香りとスパイシーな風味がある。
用途：お菓子やカレー、チャイなどに。

カルダモン　Cardamon
特徴：緑のさやで覆われた種子。独特の清涼感と甘みがある。使いすぎると薬くさくなるので控えめに。乳製品とも好相性。
用途：カレー、肉料理などに。

クミン　Cumin
特徴：エキゾチックな香りと苦みがある。チリパウダーなどミックススパイスにも入っていることが多い。
用途：肉料理、カレー、クスクス、チリコンカンなどに。

コリアンダー　Coriander
特徴：白こしょうに似た形状で、レモンとセージを合わせたような香り。葉の部分は独特の芳香があるハーブとして、アジアや南欧で人気が高い。
用途：スープ、カレー、ソーセージなどに。

オールスパイス　Allspice
特徴：シナモンとクローブ、ナツメグを合わせたような香りを持ち、「百味こしょう」の異名を持つ。甘み、苦み、清涼感がある。
用途：肉料理、カレー、シチュー、お菓子などに。

パプリカ　Paprika
特徴：辛みはなく甘い芳香があり、その美しい赤色は着色料や料理の彩りとしても多用される。
用途：シチュー、肉・魚料理、ドレッシングなどに。

ピンクペッパー　Pink Pepper
特徴：「ペッパー」という名はついているが、こしょうとは別もの。辛みはなく甘みと苦みがあり、美しいピンク色は料理の飾りにも使われる。
用途：ドレッシング、肉・魚料理などに。

ガラムマサラ　Garam Masala
特徴：シナモンとクローブ、ナツメグを中心としたミックススパイス。作り手によりさまざまな調合があり、インド料理には欠かせない。
用途：カレー、肉・卵料理などに。

part.3

がっつり食べたい！満腹レシピ

腹ペコさんのための
ミルフィーユかつ丼

豚肉を重ねて揚げる、とってもジューシーなミルフィーユかつ。
特製の甘みそだれをつけてもよし、さっぱりレモンを絞ってもよし。
クリーミーな変わり茶わん蒸しも、ぜひ作ってみてください。

47

ミルフィーユかつ丼

豚肉を重ねて揚げたジューシーかつを丼に

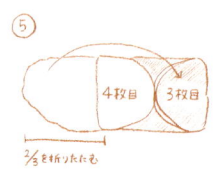

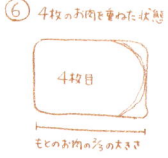

難易度 ★★★★☆

材料：(4人分)

<ミルフィーユかつ>
豚ロース肉(薄切り)・・・・16枚
A { 薄力粉・・・・・・・適量
    塩、こしょう・・・・各適量 }
B { 卵・・・・・・・・・1個
    薄力粉・・・・・・・10g }
生パン粉・・・・・適量
キャベツ・・・・・300g
レモン・・・・・・1個
ご飯・・・・・・・適量

<甘みそだれ>
赤だしみそ・・・・100g
だし汁・・・・・・80cc
C { 砂糖・・・・・大さじ6
    みりん・・・・大さじ1
    酒・・・・・・小さじ2 }

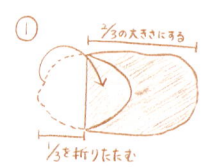

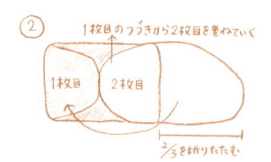

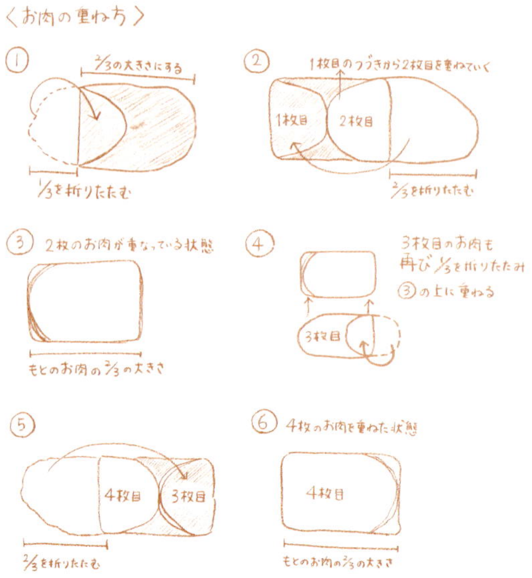

作り方：

1. ミルフィーユかつを作る。豚肉を広げてAをまぶし、1枚が2/3の大きさになるようイラストの通りに折りたたみ、4枚の豚肉を重ねていく。

2. バットにBを混ぜて1をからめ、生パン粉をしっかりとつける。

3. 2を170度の揚げ油で揚げ、片面がきつね色になったら裏返して揚げる。両面がきつね色になったら取り出し、余分な油を落とす。

4. キャベツはせん切りにし、レモンはくし形に切る。

5. 甘みそだれを作る。鍋にだし汁を入れて火にかける。みそを溶かし入れてCを加え、とろみがつくまで煮つめる。

6. 器にご飯を盛って食べやすく切った3をのせ、4を添える。5をかけていただく。

ひとくちメモ
甘みそだれは、焼き野菜やこんにゃくにつけても合いますよ。

<お肉の重ね方>

① 2/3の大きさにする／1/3を折りたたむ
② 1枚目のフチから2枚目を重ねていく／1枚目 2枚目／2/3を折りたたむ
③ 2枚のお肉が重なっている状態／もとのお肉の2/3の大きさ
④ 3枚目のお肉も再び1/3を折りたたみ③の上に重ねる／3枚目
⑤ 4枚目 3枚目／2/3を折りたたむ
⑥ 4枚のお肉を重ねた状態／4枚目／もとのお肉の2/3の大きさ

クリームチーズ茶わん蒸し
新感覚！クリームチーズは和食にも合うんです

難易度 ★★★☆☆

材料：(4人分)
- むきえび(冷凍)・・・・・8尾
- A { しょうゆ・・・・・小さじ1/2
    みりん・・・・・・小さじ1/2
    酒・・・・・・・・小さじ1/2 }
- ほたて(缶詰)・・・・・1缶(70g)
- マッシュルーム・・・・2個
- B { 溶き卵・・・・・3個分
    だし汁・・・・・250cc
    牛乳・・・・・・130cc
    うす口しょうゆ・・小さじ2 }
- クリームチーズ・・・・70g
- イタリアンパセリ・・・適量

作り方：

1. えびは解凍し、Aに漬けてくさみをとり、水気をきる。ほたては汁大さじ1をとりおき、身をほぐす。マッシュルームは5mm幅に切る。

2. Bのだし汁は冷まし、1のほたての汁と混ぜ合わせて濾す。

3. 器に1とちぎったクリームチーズを入れ、2を注ぎ入れる。イタリアンパセリをのせて蒸気の上がった蒸し器に並べ、強火で3分、弱火で15〜20分蒸す。

ひとくちメモ
茶わん蒸しのふたは、すを立たせないよう、はずして蒸します。

豆知識＆栄養ポイント
クリームチーズのビタミンAやビタミンB2、ビタミンKの含有量は、なんと牛乳の倍以上。ビタミンAは粘膜や皮膚の乾燥を防ぎ、ビタミンB2はエネルギー代謝を助けるほか、口内炎防止の効果もあり。ビタミンKは骨形成に重要な役割を果たしています。

日本酒香るゆずシャーベット
日本酒がほのかに香る、大人のためのデザート

難易度 ★★★☆☆

材料：(4人分)
- ゆずの皮・・・・・1/4個分
- A { 水・・・・・・280cc
    グラニュー糖・・60g
    水あめ・・・・・50g }
- ゆずの絞り汁・・・大さじ2
- レモン汁・・・・・小さじ1
- ミントの葉・・・・適量

作り方：

1. ゆずの皮は白い部分を取り除き、みじん切りにする。

2. 鍋にAを入れて火にかけ、煮溶かして粗熱をとる。

3. 2に1とミント以外の残りの材料をすべて入れ、バットに入れて冷凍庫で冷やし固める。フードプロセッサーで撹拌し、再び冷やし固める。器に盛り、ミントを飾る。

豆知識＆栄養ポイント
和食の薬味や香りづけに欠かせないゆずは、日本人になじみの深い食材。冬至にゆず湯に入ることでも知られるように、冬に旬を迎えます。実は抜群の栄養価を誇り、中でもビタミンCの量は、レモンの3〜4倍とも。皮の方が栄養価が高く、果汁の4倍近く含まれています。疲れの元となる乳酸を減らす働きがあるクエン酸も多く含み、疲労回復にも効果大。宴会続きで疲れもたまりやすい冬、ぜひ皮ごと食べてみてくださいね。

49

肉巻きおにぎりと
たっぷり野菜の和食メニュー

王道とは少し趣向を変えた、豚肉＋みその肉巻きおにぎりは、大人から子どもまで大好きな味。
がっつり大盛り系もいいけれど、少量を品よく盛れば、こじゃれた料理屋のおばんざい風にも。
シーンによって使い分けて！

豚のみそ漬けにぎり
濃厚なみそ味が、後引くおいしさ！

難易度★★★★☆

材料：(12個分)

ご飯・・・・・480g
豚肉(薄切り)・・24枚 (約240g)
大葉・・・・・12枚
のり・・・・・1と1/2枚(12cm角)
薄力粉・・・・適量

＜合わせみそ(基本割合)＞
みそ・・・大さじ1
酒、みりん、砂糖
・・・・各小さじ1

作り方：

1. 合わせみそは、基本割合の3倍量を混ぜ合わせる。そこに豚肉を漬けてよくもみ込み、冷蔵庫に1時間ほどおく。

2. ご飯は40gずつ俵型ににぎる。大葉は縦半分に、のりは1/8の細さに切る。

3. 1の豚肉を取り出し2枚並べて広げ、薄力粉をふるって大葉を敷く。端に2のご飯をのせてクルクルと丸め、のりを巻きつける。

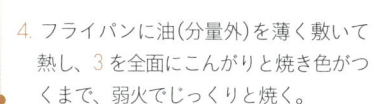

4. フライパンに油(分量外)を薄く敷いて熱し、3を全面にこんがりと焼き色がつくまで、弱火でじっくりと焼く。

ひとくちメモ
豚肉を漬けすぎると、うまみを含んだ水分が抜け、スカスカに。長くても1日までがおすすめ。

両脇からご飯がはみ出ないように閉じると、くずれにくい

みそ漬けチーズときのこのあえもの
お酒のつまみにもぴったりの、変わりあえもの

難易度★★★☆☆

材料：(4人分)

みそ漬けチーズ・・・・60g
きのこ類
(しめじ、エリンギ、えのきたけなど好みで)
・・・・合わせて200〜250g

ひじき(乾燥)・・大さじ1
酒・・・・・・大さじ2
塩・・・・・・ひとつまみ

作り方：

1. きのこ類は食べやすい大きさに分ける。

2. ひじきをボウルに入れてたっぷりの水でもどし、ざるに上げて水気をよくきる。

3. 厚めの鍋に1を入れて塩と酒を全体にふり、ふたをして火にかける。強火で2分熱して火を止め、2を加えてさらに1分蒸らす。

4. 3をざるに上げて水気をきり、ボウルに移す。みそ漬けチーズを手でちぎりながら加え、全体にからめる。

みそ漬けチーズの作り方
豚のみそ漬けと同じ配合の合わせみそに、好みのクリームチーズを漬ける。食べごろは1週間以降で、1カ月ほど保存が可能。長く漬けたほうが、味がまろやかになります。

焼きかぶと春菊の塩あん
上品な焼き目がポイントの、とろみおすまし

難易度★★★☆☆

材料：(4人分)

かぶ・・・2個
春菊・・・1/2束
ごま油・・小さじ1

A { だし汁・・400cc
    塩・・・・小さじ3/4

かたくり粉・・大さじ1
塩・・・・・適量

作り方：

1. かぶは葉と根に分け、葉は5cm長さに、根は1/6等分に切る。春菊は5cm長さに切る。

2. フライパンにごま油を熱し、かぶの葉、根の順に入れて塩をふり、根の両面に焼き色をつける。春菊の茎の部分も加え、さっと火を通す。

3. 2にAを加え、煮立ったら春菊の葉を加える。倍量の水で溶いたかたくり粉を少量ずつ加えてとろみをつけ、塩で味を調える。

ひとくちメモ
ほんのり焼き色をつけることで、うまみと栄養を閉じ込め、香ばしさもプラス！

エコポイント
最初から最後まで、すべて一つのフライパンで調理します。洗いものが減って、地球にも自分にもやさしい！

ボリュームも味も大満足
ふわふわ卵のオムそば

「お腹すいた〜！」の声が聞こえたら、パパっと作れるオムそばで決まり！
焼きそばをふわふわ卵で包んだボリューム満点の一品は、子どもにも男性にも喜ばれることまちがいなし。
デザートには、ほろ苦い大人味のコーヒーゼリーをどうぞ。

ふわふわ卵のオムそば

オムレツと焼きそばのゴールデンコンビでお腹いっぱいに

難易度 ★★★★☆

材料：(4人分)

<焼きそば>
- 中華麺(焼きそば用)・・4玉
- 豚ばら肉(薄切り)・・200g
- キャベツ・・・・・3〜4枚
- もやし・・・・・・1袋
- 酒・・・・・・・大さじ2
- サラダ油・・・・・大さじ2
- 塩、こしょう・・・各少々
- A { 中濃ソース・・・100g / しょうゆ・・・小さじ1 }

<オムレツ>
- 卵・・・・・・・・8個
- サラダ油・・・・大さじ2
- お好み焼きソース・適量
- マヨネーズ・・・・適量
- 青のり・・・・・・適量
- 塩、こしょう・・・各適量

作り方：

1. 焼きそばを作る。豚肉は3cm幅に切り、キャベツは太めのせん切りにする。

エコポイント
野菜は、にんじんや玉ねぎなど、冷蔵庫に残りがちな野菜でOK！

2. フライパンにサラダ油を熱して豚肉を炒め、豚肉の色がかわったらキャベツともやしを加えて強火でさっと炒め、塩とこしょうをふる。中華麺と酒を加えてほぐしながら2人分ずつ炒め、Aで味をつける。

3. 1人分ずつオムレツを作る。卵2個をボウルに割りほぐし、塩とこしょうを加えて混ぜる。フライパンにサラダ油を入れて中火で熱し、卵液を一気に流し入れる。さい箸で大きく円を描くように混ぜ、半熟状になったら火を止める。

4. 3の中央に1人分の2をのせ、端にずらしながら包む。器に盛って形を整え、お好み焼きソースとマヨネーズをかけ、青のりをふる。

ひとくちメモ
焼きそばを作るときは、2人分ずつ炒めると作りやすいですよ。

ペーパータオルやラップを使って手で成形すると、きれいにできる

カリコリサラダ

野菜の食感を楽しむサラダ

難易度 ★☆☆☆☆

材料：(4人分)

- セロリ・・・1/2本
- きゅうり・・1本
- にんじん・・中1本
- とうもろこし(缶詰または冷凍)・・40g
- プロセスチーズ・・・・・・40g
- マヨネーズ・・・・・・・大さじ2
- 塩、こしょう・・・・・・各少々

作り方：

1. セロリは筋を取り除き、1cm角に切る。きゅうりとにんじん、チーズは1cm角に切る。

エコポイント
食感を活かしたいので、にんじんも生のまま。皮のまま使うことで、食材のエコにもなります。

2. ボウルに1ととうもろこしを入れてマヨネーズであえ、塩とこしょうで味を調える。

ひとくちメモ
野菜は冷蔵庫にあるものでOK！冬なら、ブロッコリーやカリフラワーを固めにゆでたものでも。

男のほろ苦コーヒーゼリー

コーヒーのほろ苦さをゼリーに閉じ込めて

難易度 ★★☆☆☆

材料：(100ccのグラス4個分)

- コーヒー液・・・300cc
- グラニュー糖・・30g
- 粉ゼラチン・・・5g
- 水・・・・・・・25g
- コーヒーリキュール・・・小さじ2
- A { 生クリーム・・・・40cc / グラニュー糖・・・小さじ1 }
- インスタントコーヒー・・適量

作り方：

1. 水に粉ゼラチンをふり入れてふやかす。

2. コーヒー液の1/2量とグラニュー糖を鍋に入れて火にかける。グラニュー糖が溶けたら火を止め、1を加えて余熱で溶かす。

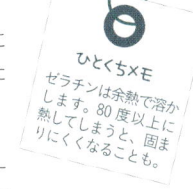

3. 2をボウルに移し、残りのコーヒー液とコーヒーリキュールを加えて混ぜる。ボウルの底を氷水にあてて粗熱をとり、器に入れて冷蔵庫で冷やし固める。

4. Aを合わせて6分立てにし、3にかけてインスタントコーヒーをふる。

ひとくちメモ
ゼラチンは余熱で溶かします。80度以上に熱してしまうと、固まりにくくなることも。

コーヒー液の作り方
インスタントコーヒーを使用する場合は、水300ccにインスタントコーヒー大さじ3を入れて溶かします。コーヒー豆なら、アイスコーヒー用のコーヒー豆35gに熱湯500ccで入れたコーヒー300cc分が目安です。

ご飯に鶏肉のうまみたっぷり
シンガポール風ブランチ

東南アジアの家庭料理・チキンライス。鶏のゆで汁は、ご飯とスープに活用します。
鶏のうまみをたっぷり吸ったご飯は、なんともいえないやさしい味。
お好きなたれをかけて、思う存分召し上がれ。

55

シンガポール チキンライス

ジューシーな鶏肉を、うまみを吸ったご飯とともに

難易度 ★★★★☆

材料：（4人分）

米・・・・・・・・・2合
鶏むね肉・・・・・・・2枚
A ｛ おろししょうが・・大さじ1/2
　　塩・・・・・・・小さじ1
B ｛ 水・・・・・・・1200cc
　　ねぎ（青い部分）・・1/2本
　　酒・・・・・・・大さじ2
　　鶏がらスープの素・小さじ1
　　こしょう・・・・少々
おろしにんにく・・・・小さじ1
おろししょうが・・・・小さじ1
サラダ油・・・・・・・大さじ1
塩・・・・・・・・・・小さじ1/2

＜しょうがだれ＞
C ｛ おろししょうが・・大さじ2
　　ねぎ（みじん切り）・小さじ2
　　おろしにんにく・・少々
　　サラダ油・・・・大さじ1強
　　塩・・・・・・・小さじ1/4

きゅうり（薄切り）・・・適量
パクチー・・・・・・・適量
スイートチリソース・・・適量
中国しょうゆ・・・・・適量

作り方：

1. 鶏肉は厚いところを包丁で開き、フォークで数カ所穴をあけ、火の通りをよくする。Aをすり込み、常温で1時間ほどおく。米は研いでざるに上げる。

2. 鍋にBを入れて沸騰させ、鶏肉を入れて落としぶたをし、再び沸騰したら弱火で8分煮込む。そのままゆで汁の中に30分以上おく。鶏肉の水気を拭き、斜め薄切りにする。

3. フライパンにサラダ油、にんにく、しょうがを入れ、弱火でじっくりと炒める。香りが出たら米を加え、透明になるまで炒める。

4. 炊飯器に3と塩を入れ、2の鶏のゆで汁を2合目まで加えて炊く。

5. 4の残りのゆで汁からねぎを取り除き、塩とこしょう各少々（分量外）で味を調え、スープを作る。

6. Cを混ぜ合わせ、しょうがだれを作る。

7. 器に2と4を盛り合わせ、きゅうりとパクチーを添える。5のスープを添え、好みで6、スイートチリソース、中国しょうゆをかけていただく。

豆知識＆栄養ポイント　「シンガポール チキンライス」は、「海南鶏飯（ハイナンチーファン）」と呼ばれる、東南アジアの庶民の味。ゆで鶏と、そのゆで汁で炊いた白米を一緒にいただく、シンプルながらも奥深い料理です。東南アジアでは、専門店や屋台でも食べられ、人気店は行列ができるほど。日本人の口にもよく合うので、旅行の際はぜひ試してみて！

エスニックサラダ
ピーナッツの食感がアクセント

難易度★★★★★

材料：(4人分)

むきえび・・・・・・8尾
ハム・・・・・・・・2枚
きゅうり・・・・・・1/2本
玉ねぎ・・・・・・・1/6個
もやし・・・・・・・1/2袋
A ┌ レモン汁・・・・大さじ2
  │ サラダ油・・・・大さじ2
  │ ナンプラー・・・大さじ1
  │ 砂糖・・・・・・小さじ1
  └ おろしにんにく・小さじ1/2
ピーナッツ・・・・・12粒

作り方：

1. えびは塩ゆでにし、横半分に切る。ハムときゅうりは短ざく状に切る。玉ねぎはみじん切りにして塩(分量外)をふり、水でもみ洗いをし、辛みをぬく。

2. 沸騰した湯に塩(分量外)を加えてもやしをさっとゆで、ざるに上げる。水につけて冷まし、水気をきる。

3. ボウルにAを混ぜ合わせ、1と2を加えてあえる。器に盛り、砕いたピーナッツをふる。

バナナのココナッツミルク汁粉
エスニックな甘～い誘惑

難易度★★★★★

材料：(4人分)

バナナ・・・・・・・・・・2本
ココナッツミルク・・・・・・200cc
パームシュガー(三温糖で代用可)・・・25g
水・・・・・・・・・・・・大さじ2
塩・・・・・・・・・・・・少々
シナモンパウダー・・・・・・少々

作り方：

1. バナナは1cmの輪切りにする。

2. 鍋にココナッツミルクとパームシュガー、水を入れて中火にかけ、パームシュガーが溶けたら1を加え、3分ほど煮込む。塩少々を加え、味を引き締める。

3. 器に2を流し入れ、シナモンパウダーをふる。

豆知識＆栄養ポイント　「パームシュガー」とは、「サトウヤシ」の樹液を煮つめた砂糖のことで、一般にはペースト状で売られています。茶色でコクのある濃厚な味が特徴。ビタミンやミネラルが豊富なので、白い砂糖よりも健康的です。手に入らなければ、三温糖などで代用してくださいね。

ラーメンと餃子の
最強中華献立

ラーメンと餃子、杏仁豆腐という王道の組み合わせ。
だしの効いたスープでいただくさっぱり冷たいラーメンなら、もたれずどんどん食べられます。
カリッと焼き上げた餃子も、思わずビールが飲みたくなるおいしさです。

さっぱり冷やしラーメン

さっぱりとしただし汁と、梅干しの酸味が効いています

難易度 ★★★☆☆

材料：(4人分)

生麺・・・・・・330g	ほうれん草・・150g
だし汁・・・・・・1000cc	もやし・・・・130g
鶏がらスープの素	ねぎ・・・・・40g
・・・・大さじ1と1/2	梅干し・・・・大1個分
A { うす口しょうゆ・50cc 酒・・・・・・20cc 砂糖・・・・・小さじ2	卵・・・・・・2個 B { ごま油・・・小さじ2 塩・・・・ふたつまみ
	いり白ごま・・小さじ1/2
	ごま油・・・・大さじ1

作り方：

1. 鍋にだし汁、鶏がらスープの素を溶かし、Aを加えて煮立てる。粗熱をとり、冷蔵庫で冷やす。

2. ほうれん草はゆでて5cm幅に切る。もやしはよく洗ってゆでる。

3. ねぎはせん切りにして水にさらし、水気をきる。梅干しは種を取り除いてたたく。卵はゆで卵にし、半分に切る。

4. ボウルを2つ用意し、それぞれにBを1/2量ずつ入れてよく混ぜる。水気をきった2をそれぞれのボウルに入れ、白ごまを加えてあえる。

5. 鍋に湯を沸かして麺をゆで、ざるに上げてぬめりがとれるまで水で洗う。水気をよくきり、ボウルに移してごま油とあえる。器に入れて1を注ぎ、3と4を盛り合わせる。

スタミナ焼き餃子

基本の餃子でスタミナチャージ！

難易度 ★★★☆☆

材料：(4人分)

餃子の皮・・・・24枚	おろししょうが・・1/2かけ分
豚ひき肉・・・・140g	オイスターソース・小さじ3
キャベツ・・・・100g	酒・・・・・・小さじ2
ねぎ・・・・・40g	ごま油・・・・小さじ2
にら・・・・・10g	しょうゆ・・・小さじ1/2
おろしにんにく・・1片分	塩、こしょう・・・各少々

作り方：

1. キャベツは粗みじんに、ねぎはみじんに、にらは5mm幅に切る。

2. ボウルに餃子の皮以外の材料をすべて入れ、よく混ぜる。

3. 餃子の皮で2を包む。フライパンにごま油（分量外）を薄く熱して餃子を並べ、強火にかける。パチパチと音がしてきたら、小麦粉を溶いた水（分量外）を加えてふたをする。焦げ目がついてきたら、ふたを開けて水分を飛ばし、火を止める。

4. 3を器に盛り、しょうゆ（分量外）をつけていただく。

ひとくちメモ：餃子24個に対し、水120ccに小麦粉小さじ1を溶かして加えます。

豆知識＆栄養ポイント：豚肉には、大豆などにも多く含まれるビタミンB1が豊富。エネルギー代謝を助ける働きがあり、疲労回復に期待大。にんにくと一緒にとることで、その効果が高まるといわれています。

濃厚杏仁豆腐

生クリームとコンデンスミルクでコクをプラス

難易度 ★★☆☆☆

材料：(4人分)

牛乳・・・・・・100cc	B { アーモンドエッセンス・少々 サクラフレーバー(やや多めの アーモンドエッセンスで代用可)
砂糖・・・・・・10g	
粉寒天・・・・・1g	
A { 生クリーム・・・120cc コンデンスミルク・30g	・・・・・・少々
	クコの実・・・・・・適量

作り方：

1. 小鍋に牛乳を入れて強火で熱し、粉寒天を煮溶かして砂糖を加え、沸騰させる。火を止め、Aを加えてよく混ぜ、Bを加える。

2. 1をボウルに流し入れ、底を氷水に当てて冷やし固める。器に盛り、水でもどしたクコの実をのせる。

59

もっとおいしく豊かなお米ライフ！

FROM PANTRY

白米

インディカ米

発芽玄米

　日本人にとって欠かすことのできない「お米」。炊き立ての白いご飯がおいしいのは言うまでもありませんが、お米にもさまざまな種類があり、それぞれにおいしい食べ方や栄養効果があります。

　例えば、「タイ米」として知られているインディカ米。カレーなどの汁ものに合わせたり、チャーハンやナシゴレン、ドライカレーに使うと、パラッと仕上がってとてもおいしいです。意外な活用法として、リゾットにもおすすめ。粘りが出にくく、本場イタリアのリゾットのようにアルデンテに仕上がります。

　インディカ米を炊くときのポイントは二つ。一つは、洗うときにさっとすすぐ程度にすること。しっかり研ぐと米が欠けたり、香りが飛んでしまいます。そして二つ目は、吸水をさせずに米と水を同量にして炊くこと。こうしてみると、日本米よりも手軽に炊けますね。さらに、インディカ米は食べても血糖値が上がりにくく、ダイエットにも向いているとのこと。確かに、タイをはじめ東南アジアには、スマートな人が多いかも？！

　玄米や雑穀米も、健康ブームにのって日常的に食べる人が増えてきました。玄米は白米に比べて栄養効果が高く、生活習慣病の予防などにも効果的。雑穀はひえ、あわ、きびなど多くの種類があり、効能もさまざまなので、お好みに合わせてブレンドしてみましょう。

　発芽玄米もおすすめです。文字通り、玄米を発芽させたものですが、酵素の働きで玄米に含まれている栄養素が増え、玄米の状態では消化吸収されない栄養素までもとることができます。浸水時間や水加減が白米とほぼ同じでよく、気軽に炊けるのも利点です。もちろん白米と混ぜて炊いてもOK。発芽玄米入りのご飯なら、汁気のある具材を加える混ぜご飯も、べたつかずにおいしくできあがります。

　世界には、まだまだたくさんの種類のお米があります。まずは身近なところからトライして、より豊かなお米ライフを送ってくださいね。

part.
4

女性にうれしいビューティーレシピ

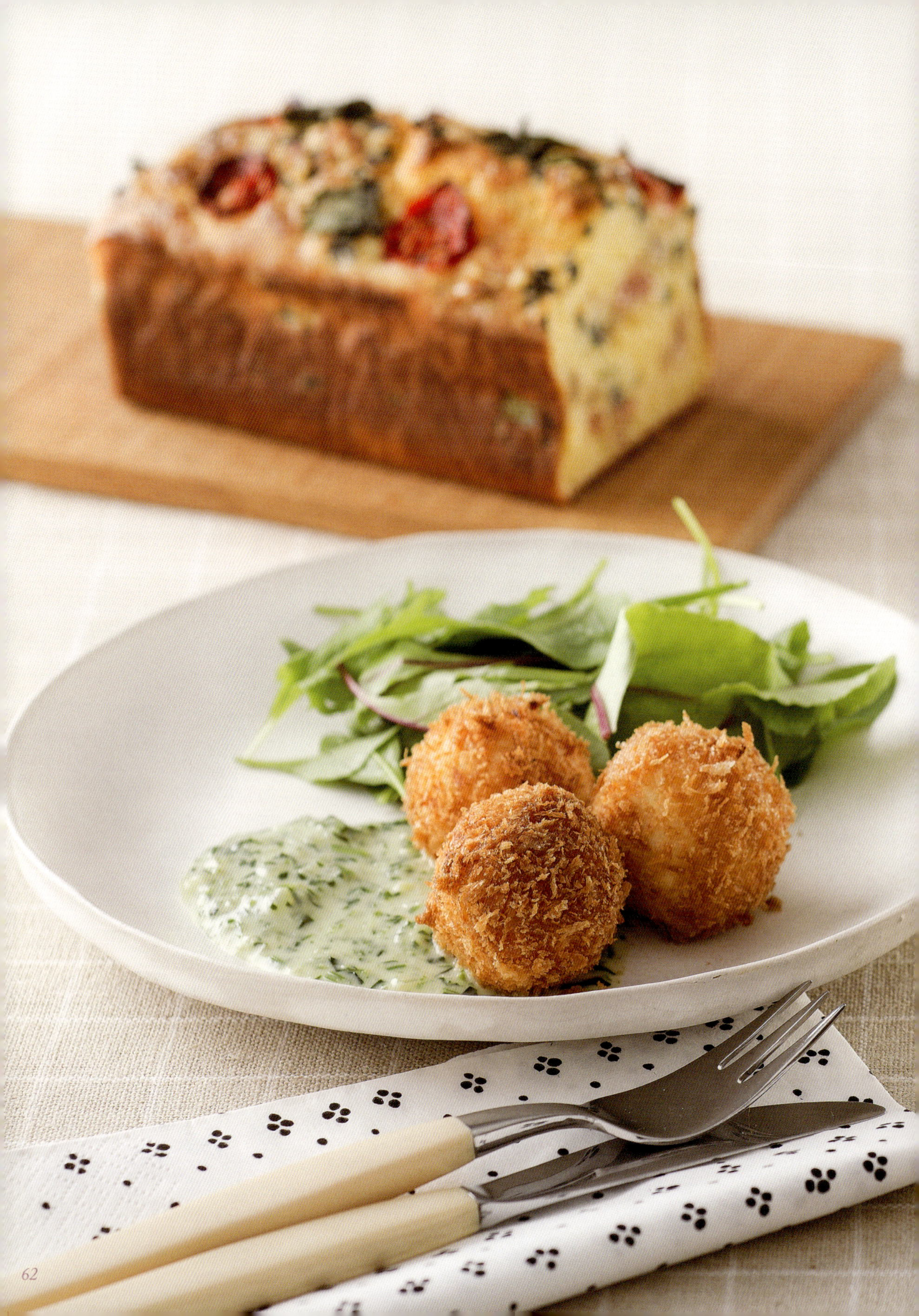

アンチエイジングメニューで頑張る自分にごほうび

たまには、いつも頑張る自分にもごほうびを。
やさしい味のゆり根のコロッケに癒されて、塩麹と赤ワインの力でアンチエイジング。
女性にうれしいこんな献立なら、心も体も美人になれるかも！

4. 3の野菜がしんなりしてきたら弱火にし、薄力粉を加えて粉気がなくなるまで炒める。牛乳とコンソメを加え、煮立たせないようにかき混ぜながら、とろみをつける。塩とこしょうで味を調える。

5. 器に4を敷いて2をのせ、葉野菜を添える。

ゆり根のコロッケ

ゆり根たっぷりのコロッケは、心が和むおいしさ

難易度 ★★★★★

材料：（4人分）

<ゆり根のコロッケ>
ゆり根・・・・・・約3個(正味320g)
溶き卵・・・・・・1個分
パン粉・・・・・・20g
薄力粉・・・・・・6g
塩・・・・・・・・少々

<ほうれん草ソース>
ほうれん草・・・・40g
玉ねぎ・・・・・・60g
牛乳・・・・・・・150cc
バター・・・・・・15g
薄力粉・・・・・・小さじ1
顆粒コンソメ・・・小さじ1/6
塩、こしょう・・・各少々

好みの葉野菜・・・適量

作り方：

1. ゆり根のコロッケを作る。ゆり根は一枚ずつはがして底の芯の部分は取り除き、柔らかくなるまでゆでる。ざるに上げて軽く水気をきり、裏ごしをする。塩を加え、12等分に丸く成形する。

2. 1に薄力粉、卵、パン粉の順につけ、180度の揚げ油できつね色になるまで揚げる。

3. ほうれん草ソースを作る。ほうれん草と玉ねぎはみじん切りにする。フライパンにバターを熱し、玉ねぎ、ほうれん草の順に炒める。

くるみとトマト、バジルのケークサレ

軽食にぴったりの、塩麹を効かせたパウンドケーキ

難易度 ★★★★★

材料：（8cm×17cm×6cm パウンドケーキ型1台分）

ベーコン・・・・・・・・2枚
ミニトマト・・・・・・・3個
ブラックオリーブ(種なし)・・30g
バジルの葉・・・・・・・3g
くるみ・・・・・・・・・20g
A { 薄力粉・・・・・・・100g
　　パルメザンチーズ・・・30g
　　ベーキングパウダー・・5g
卵(M)・・・・・・・・・2個
レモン汁・・・・・・・・小さじ1
塩麹・・・・・・・・・・20g
牛乳・・・・・・・・・・90cc
オリーブ油・・・・・・・20g

作り方：

1. ベーコンは短ざく切りにし、フライパンで炒める。ミニトマトは半分に切り、オーブントースターまたはグリルで6〜8分加熱し、水気を軽く拭く。オリーブは粗みじん切りにし、バジルはちぎる。くるみはローストする。

2. A をボウルにふるい入れる。

3. 別のボウルに卵を割り入れ、レモン汁と塩麹を加えてよく混ぜる。牛乳とオリーブ油を少量ずつ加えて混ぜる。

4. 3 に 2 を加え、混ぜすぎないよう注意しながら、粉気がなくなるまでさっくりと混ぜ合わせる。

5. オーブン用シートを敷いた型に 4 の 1/3 量を流し入れ、ベーコンの 1/2 量とオリーブ、バジル、くるみの 1/3 量を敷き詰める。同様の工程をもう 1 度繰り返す。残り 1/3 量の生地を流し、ミニトマト、残りのオリーブ、バジル、くるみをのせる。180度のオーブンで40〜50分焼く。

6. 5 を型から取り出し、ケーキクーラーにのせて冷ます。好みの大きさに切っていただく。

ベリーベリートライフル

たっぷりのベリーに、ワインがほんのり香るデザート

難易度 ★★★★☆

材料：（直径 6cm のカップ 4 個分）

いちご・・・・・・・・・・6個
ブルーベリー・・・・・・16個
ラズベリー・・・・・・・8個
カステラ・・・・・・・・1枚（厚み 2〜3cm）

〈生クリーム〉
生クリーム・・・・・・・100cc
グラニュー糖・・・・・・大さじ1

〈赤ワインゼリー〉
赤ワイン・・・・・・120cc
A { 水・・・・・・20cc
    砂糖・・・・・20g
粉ゼラチン・・・・・4g
水・・・・・・・・20cc

〈カスタードクリーム〉
牛乳・・・・・・・100cc
卵黄・・・・・・・1個分
砂糖・・・・・・・大さじ1
薄力粉・・・・・・10g
バニラエッセンス・・少々

赤ワイン・・・・・大さじ1
ミントの葉・・・・適量

作り方：

1. いちごは飾り用2個を1/4等分に切り、残りは小さめの角切りにする。ラズベリーは飾り用4個を残して半分に切る。カステラは茶色い部分を切り落し、サイコロ状に8等分に切る。

2. 生クリームはグラニュー糖を加え、8分立てに泡立てる。

3. 赤ワインゼリーを作る。ゼラチンは水でふやかす。鍋にAを入れて火にかけ、沸騰させないよう気をつけながら、砂糖を溶かす。火を止めてゼラチンを加え、余熱で溶かして赤ワインを加え混ぜる。バットに流し入れ、冷蔵庫で冷やし固める。

4. カスタードクリームを作る。鍋に砂糖の1/2量と牛乳を入れて沸騰直前まで火にかけ、粗熱をとる。

5. ボウルに卵黄と残りの砂糖を入れ、白っぽくなるまでよく混ぜる。薄力粉を2回ふるって加え、粉気がなくなるまで混ぜる。

6. 5 に 4 を少量ずつ混ぜながら加え、よく混ざったら濾し、鍋に戻す。中火にかけ、焦げないよう注意しながらよくかき混ぜる。底が固まり出したら一度火からおろし、再び混ぜる。同様の作業を繰り返しながら、もったりとするまでよく混ぜる。火を止めてバニラエッセンスを加え、バットに流す。氷水にあてて急冷する。

7. 器にカステラを入れて赤ワインを注ぎ、スプーンですくった 3 の赤ワインゼリーとベリー類を加える。6 のカスタードクリームと 2 の生クリームを順にのせて表面をならし、飾り用のベリー類とミントをのせる。

豆知識 & 栄養ポイント　赤ワインに多く含まれるポリフェノール。いちごに含まれるエラグ酸、ブルーベリーに含まれるアントシアニンなど、4000種類以上存在するそうです。それぞれに異なる効果がありますが、共通するのが抗酸化作用。細胞の老化を防止し、美肌効果が期待できます。いちごやラズベリー、りんごには、美白効果もあるようです。ただし、ポリフェノールは体内に蓄積できないので、継続的にとることが肝心。肌のためにも、赤ワインもたまにはいいですね。

コラーゲンたっぷりのフォーで
気分はベトナム屋台

日本でも人気があるフォーに、女性にうれしいコラーゲンをたっぷり。
焼きつくねは、フォーに入れてもおいしくいただけます。
バインフランはコンデンスミルクとコーヒーを使ったベトナムのプリン。
オレンジの香りをプラスして、オリジナルにアレンジ！

コラーゲンたっぷりフォー

弱火でコトコト煮込むだけで、絶品スープの完成！

難易度 ★★☆☆☆

材料：（4人分）

フォー	300g
鶏手羽先	4本
サニーレタス	適量
パクチー	適量
小ねぎ	適量
ライム	1/4個
赤唐辛子(輪切り)	適量

A
- ねぎ(青い部分)・・・約20cmを2本
- しょうが(せん切り)・1かけ分
- 酒・・・・・・50cc
- 塩・・・・・ひとつまみ
- 水・・・・・・1200cc

B
- ヌクマム・・・・大さじ4
- 鶏がらスープの素・・小さじ1
- 砂糖・・・・・・小さじ1
- 塩、こしょう・・・各適量

作り方：

1. Aと鶏手羽先は鍋に入れて火にかけ、極弱火で1時間以上煮込む。ねぎを取り出し、Bで調味する。

2. サニーレタスは食べやすい大きさにちぎる。パクチーは葉を摘む。小ねぎは小口切りにする。ライムはくし形に切る。

3. フォーを表示時間通りにゆでてざるに上げ、水気をきる。器に盛って1を注ぎ、2を盛る。好みで赤唐辛子をふる。

豆知識&栄養ポイント　鶏手羽先などに含まれるコラーゲンは、私たちの体を構成する重要なたんぱく質です。加齢や紫外線によってコラーゲンが減少すると、シワやシミの原因に。日常の食事から、上手に補給してくださいね。

ベトナム風焼きつくね

ベトナムの万能だれ、ヌクチャムがよく合います

難易度 ★★☆☆☆

材料：（8個分）

＜焼きつくね＞

豚ロース肉(薄切り)	250g
じゃがいも	40g
紫玉ねぎ	40g
パクチーの根(なければ茎)	10g
にんにく	1片
しょうが	1かけ

A
- 溶き卵(M)・・・1/2個分
- シーズニングソース・大さじ1
- 赤唐辛子(みじん切り)・ひとつまみ
- 塩、こしょう・・・各適量

サニーレタス	適量
大葉	適量
パクチー	適量

＜ヌクチャム＞
- だいこん(せん切り)・・・40g
- にんじん(せん切り)・・・15g

B
- ヌクマム(ナンプラーで代用可)・・・・・大さじ2
- レモン汁・・・・大さじ1
- にんにく(みじん切り)・1/2片分
- 赤唐辛子(輪切り)・1/2本分
- 砂糖・・・・・大さじ2
- 酢・・・・・大さじ1
- 水・・・・・大さじ3

作り方：

1. 焼きつくねを作る。豚肉は、たたいてミンチにする。じゃがいもは長さ1cmほどのせん切りにする。紫玉ねぎ、パクチーの根、にんにく、しょうがはみじん切りにする。ボウルに入れて混ぜ、Aを加え混ぜる。8等分にして小判型に丸め、200度のオーブンで15～20分(またはグリルの強火で7～8分)焼く。

2. ヌクチャムを作る。だいこんとにんじんに塩(分量外)をふって10分ほどおき、水気をきる。混ぜ合わせたBとあえる。

3. サニーレタスと大葉を器に敷いて1をのせ、パクチーの葉を添える。2のヌクチャムをつけていただく。

オレンジのバインフラン

コーヒーが香る、なめらかなベトナム風プリン

難易度 ★★★★☆

材料：（4人分）

溶き卵(L)・・・・2個分

A
- 牛乳・・・・・170cc
- コンデンスミルク・・・100g
- オレンジの搾り汁・・50cc
- コアントロー・・小さじ1/2
- バニラエッセンス・・・少々

グラニュー糖・・・・30g

B
- お湯・・・・・大さじ2
- インスタントコーヒー・・小さじ1

作り方：

1. ボウルにAを混ぜ、溶き卵を加えてよく混ぜる。

2. 小鍋にグラニュー糖を入れ、弱火で熱する。焦げ茶色になったら濡れ布巾にのせる。混ぜ合わせたBを加えて混ぜ、器に注ぐ。

3. 1をざるで濾し、2に注ぎ入れる。蒸気の上がった蒸し器に入れ、弱火で30～40分蒸す。粗熱がとれたら冷蔵庫で冷やす。

コクあり豆乳そうめんで、真夏のブランチ

夏にはやっぱりそうめん！
ゆずこしょうがアクセントの豆乳そうめんは、さっぱりしているけれど、コクのある味です。
ビタミン豊富なゴーヤは、フルーツと合わせれば苦みも気にならず、目にも鮮やか。
スタミナたっぷりのう巻きとともに、バランスのとれた献立をどうぞ。

豆乳そうめん

豆乳と白だしで変わりそうめんはいかが？

難易度 ★★☆☆☆

材料：(4人分)

そうめん・・・・・・・300g
きゅうり・・・・・・・適量
A { 豆乳・・・・・・240cc
  白だし(10倍濃縮)・・80cc
  水・・・・・・・・40cc }
みかん(缶詰)・・・・4房
ゆずこしょう・・・・・適量
いり黒ごま・・・・・・適量

作り方：

1. Aをボウルに混ぜ合わせ、冷蔵庫で冷やす。

2. きゅうりは斜め薄切りにしてからせん切りにする。みかんは真ん中に包丁を入れ、蝶々型にする。

3. そうめんは表示時間通りにゆでてざるに上げ、冷水でよく洗う。

エコポイント
ゆで汁は捨てずに、洗いものなどに再利用！

4. 器に3を盛って1を注ぎ、2とゆずこしょうを盛る。黒ごまをふる。

ひとくちメモ
白だしは、好みで量を加減してください。

ゴーヤとパパイヤの酢のもの

甘・酸・苦のバランスが絶妙です

難易度 ★★☆☆☆

材料：(4人分)

ゴーヤ・・・・・・・1本
パパイヤ・・・・・・1/2個
梅干し・・・・・・・2個
A { しょうゆ・・・大さじ2
  酢・・・・・・大さじ2
  みりん・・・・大さじ2 }
いり黒ごま・・・・・適量

エコポイント
温室栽培ではなく、旬の食材を使うこともエコにつながります。ほかの季節に比べてビタミン量も豊富！

作り方：

1. ゴーヤはわたをスプーンでこそげ取り、2mm幅の薄切りにする。塩少々(分量外)でもんで水にさらし、熱湯で1分弱ゆでて冷水にとり、水気を拭く。

エコポイント
さっとゆでて、エネルギーを節約！

2. パパイヤは皮をむき、3mm幅の薄切りにする。梅干しは細かくちぎる。

3. Aを混ぜ合わせ、三杯酢を作る。

4. ボウルに1とパパイヤを入れ、3をかけて混ぜる。器に盛って梅干しを散らし、黒ごまをふる。

う巻き

スタミナ食材・うなぎを卵でやさしく包んで

難易度 ★★★★☆

材料：(1本分)

うなぎ・・・・・1/3尾
卵(L)・・・・・・2個
A { みりん・・・小さじ1
  酒・・・・・小さじ1
  塩・・・・・小さじ1/5 }
サラダ油・・・・・・小さじ1
大葉・・・・・・・・数枚
だいこんおろし・・・適量

作り方：

1. うなぎは両面を軽く焼き、2cm幅に切る。

2. 卵は割りほぐし、Aを加えてよく混ぜる。

3. 卵焼き器にサラダ油を敷き、強火弱で油をなじませる。2を1/4量ほど流し入れ、半熟になったら1を芯にして巻く。卵を向こう側に寄せ、再び油を敷いて卵液を流し、同様に巻く。この作業を数回繰り返す。

4. 粗熱がとれたら切り、大葉とだいこんおろしを添える。

豆知識＆栄養ポイント
うなぎは夏のスタミナ食として、とても有名ですね。ビタミンB1、B2が豊富で、糖質や脂質、たんぱく質を体内でエネルギーに変える働きをしてくれる、疲労回復にはもってこいの食材です。粘膜を保護するビタミンAも豊富なので、風邪の予防にもなりますよ。

参鶏湯でアジアンビューティー
サムゲタン

美容大国・韓国には、体にいい食材を使った料理がいっぱい。
鶏肉と一緒に、もち米や高麗人参、なつめを煮込んだ参鶏湯は、疲労回復にもってこいです。
ビタミン、ミネラル、良質のたんぱく質をたくさんとって、目指せ、アジアンビューティー！

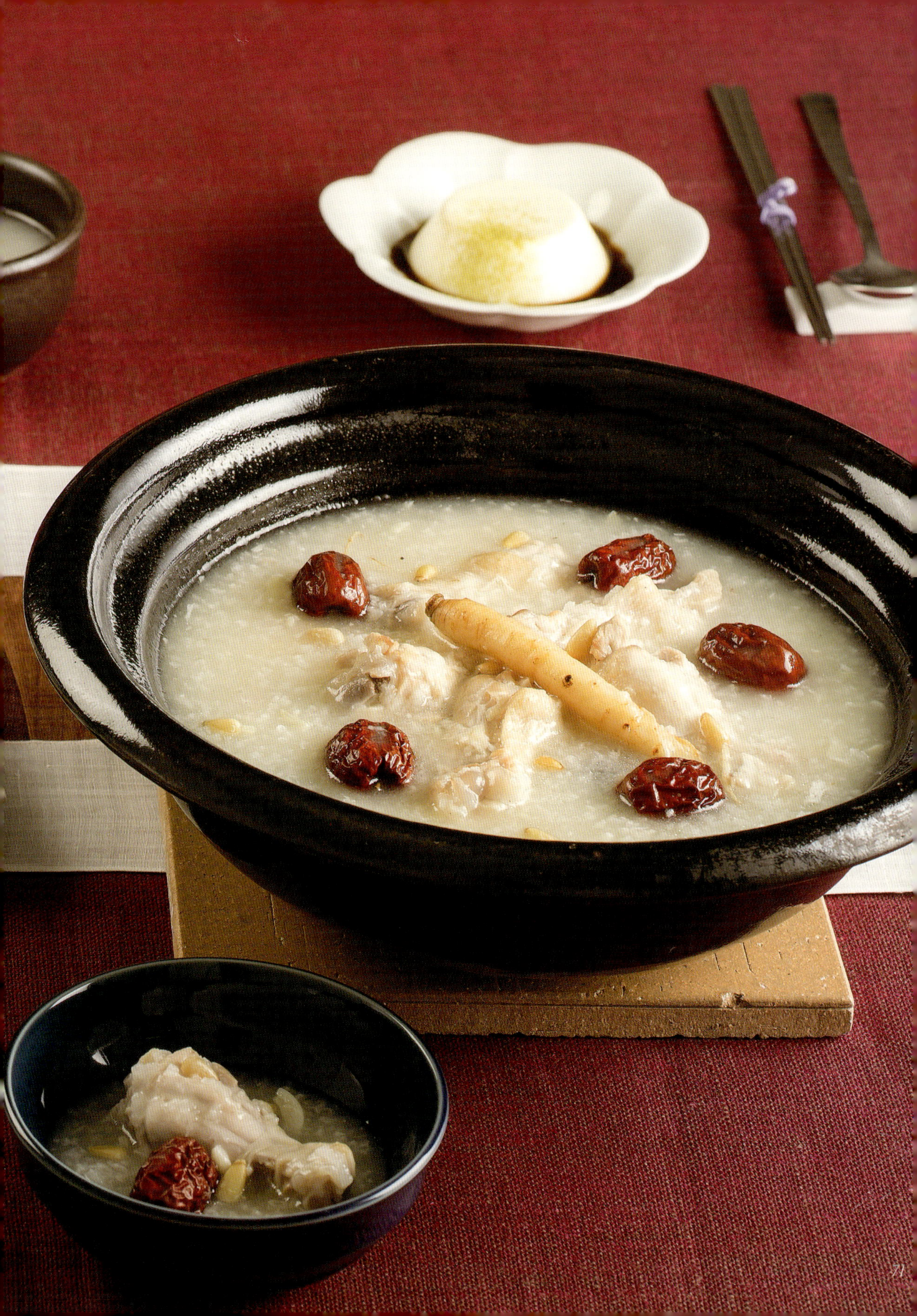

参鶏湯（サムゲタン）

これ一杯で美容もスタミナもバッチリ！

難易度 ★★★★★

材料：（4人分）

もち米	2/3合
鶏手羽元	中12本
にんにく	3片
高麗人参	小1本
なつめ	8個
水	1600cc
塩、こしょう、黒こしょう	各少々
松の実	適量

作り方：

1. もち米は研ぎ、ざるに上げる。

2. 手羽元は流水で軽く洗う。にんにくは半分に切る。

エコポイント
本来は、丸鶏にもち米などの具材を詰めて煮込みますが、今回は手軽に手に入る手羽元を使用。煮込み時間が短縮でき、エネルギーの節約になりますよ。

3. 鍋に2と水を入れて強火にかけ、あくが出たらていねいに取り除く。弱火にして高麗人参を加え、ふたをして15分ほど煮込む。

4. 3になつめと1を加え、焦げつかないようにかき混ぜながら、さらに40分ほど煮込む。手羽元が骨からはずれるくらい柔らかくなったら、塩とこしょうで調味する。

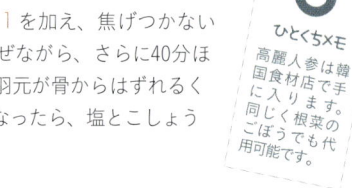

5. 4を器に盛り、好みで松の実を散らして黒こしょうをふる。

ひとくちメモ
高麗人参は韓国食材店で手に入ります。同じく根菜のごぼうでも代用可能です。

三色ナムル

ごま油で食欲増進。野菜がモリモリ食べられる！

難易度 ★★★★★

材料：（4人分）

＜にんじんのナムル＞

にんじん	大1本
おろしにんにく	少々
すり白ごま	大さじ1
ごま油	小さじ2
塩	小さじ1/3

＜じゃがいものナムル＞

じゃがいも	中2個
おろしにんにく	少々
鶏がらスープの素	小さじ2/3
ごま油	小さじ2
塩、黒こしょう	各少々

＜小松菜のナムル＞

小松菜	1束
おろしにんにく	少々
すり白ごま	大さじ2
ごま油	大さじ1
しょうゆ	小さじ1
塩	少々

作り方：

1. にんじんのナムルを作る。にんじんはへたを取り、せん切りにする。フライパンにごま油を熱して中火で炒め、しんなりしたら、塩とにんにくを加える。火からおろして白ごまを加え、よくあえる。

エコポイント
にんじんは皮ごと使い、生ごみを減らしましょう。

2. じゃがいものナムルを作る。じゃがいもは皮をむき、せん切りにする。塩少々（分量外）を加えた熱湯で固めにゆで、ざるに上げて水気をきる。残りの材料をすべて加え、よくあえる。

エコポイント
ゆで汁は、参鶏湯の煮込み用に再利用してもいいですね。

3. 小松菜のナムルを作る。よく洗った小松菜を塩少々（分量外）を加えた熱湯でゆで、歯ごたえが残るくらいの固さで火を止め、ざるに上げる。冷水にとって水気を絞り、3cm長さに切る。残りの材料をすべて加え、よくあえる。

豆知識 & 栄養ポイント
ナムルは、にんじんやもやし、ほうれん草、ぜんまいなどの野菜を使った、日本でもおなじみの韓国料理。韓国には「ナムルの味を見れば、嫁の料理の腕がわかる」ということわざがあるように、作り手の数だけ異なる味があります。野菜はそれぞれ下ごしらえをし、ねぎ、にんにく、ごま油、塩、しょうゆなどさまざまな調味料を使って、素材の持ち味を活かすように調理。野菜本来の味わいがさっぱりと楽しめ、旬の野菜を使えば栄養価も抜群ですよ。

豆乳しょうがプリン

女性の味方、豆乳を使ったデザート

難易度 ★★★☆☆

材料：（4人分）

A ｛ 豆乳・・・・・・・・・・・300cc
　　しょうが汁・・・・・・・大さじ1〜1と1/2
　　砂糖・・・・・・・・・・・大さじ2
粉ゼラチン・・・・・・・・・4g
水・・・・・・・・・・・・・大さじ1強
生クリーム・・・・・・・・・40cc
バニラオイル・・・・・・・・少々
黒蜜・・・・・・・・・・・・適量
きなこ・・・・・・・・・・・適量

作り方：

1. 鍋にAを入れて中火にかける。かき混ぜながら砂糖を煮溶かし、沸騰直前で火を止める。

2. 粉ゼラチンは、水にふり入れてふやかす。

3. 1に生クリームを加え、中火でふつふつとした状態を保ちながら、1分ほど火を通す。火を止めて2とバニラオイルを加え、ゼラチンが溶けたら濾し器で濾し、ボウルに移す。底を氷水にあて、かき混ぜながら冷やす。

4. 3を器に流して冷蔵庫で冷やし固め、好みで黒蜜をかけてきなこをふる。

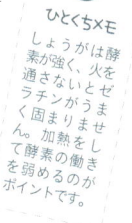

ひとくちメモ
しょうがは酵素が強く、火を通さないとゼラチンがうまく固まりません。加熱をして酵素の働きを弱めるのがポイントです。

あさりにかつお、
初夏を楽しむヘルシー和食

新緑が目に鮮やかな季節にぴったりの、旬の食材をふんだんに盛り込んだ和食の献立です。
あさりやかつおには、疲労回復に効くビタミンBや鉄分が多く、女性には特におすすめの食材。
どのレシピも、調味料には油をいっさい使っていないから、ダイエット中の方でも安心して食べられますよ。

あさりご飯

あさりを炊きこんだご飯に、しょうがが香ります

難易度 ★★☆☆☆

材料：（4人分）

米・・・・・・・・360g	しょうゆ・・・大さじ2
あさり（むき身）・・・200g	みりん・・・・大さじ1
しょうが・・・・・2かけ	A 酒・・・・・・大さじ1
小ねぎ（小口切り）・・6本分	砂糖・・・・・大さじ1/2

作り方：

1. 米は研ぐ。あさりは塩少々（分量外）でふり洗いする。しょうがはせん切りにする。

2. しょうがはAと鍋に入れ、ひと煮立ちしたらあさりを加えて2〜3分煮る。あさりと煮汁を分け、煮汁は水（分量外）と合わせて440ccにする。

3. 炊飯器に米、2の煮汁と水を入れ、あさりをのせて炊く。器に盛り、小ねぎを散らす。

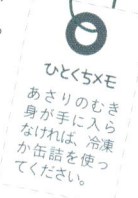

ひとくちメモ
あさりのむき身が手に入らなければ、冷凍か缶詰を使ってください。

かつおのすり流し汁

かつおの濃厚なうま味を、赤だしに移して

難易度 ★★☆☆☆

材料：（4人分）

かつお（刺身用）・・200g	赤だしみそ・・・40g
絹ごし豆腐・・・・1丁	おろししょうが・・1かけ分
昆布・・・・・・1枚(10cm角)	
水・・・・・・・600cc	

作り方：

1. かつおは小さく切り、フードプロセッサーかすり鉢でペースト状にする。

2. 豆腐はさいの目に切る。

3. 鍋に昆布と水を入れて30分ほどおき、弱火にかける。煮立つ直前に昆布を取り出し、みそを溶き入れる。

4. 3のみそだしを1に少量ずつ加え混ぜ、鍋に戻して火にかける。豆腐を加えて煮立て、豆腐がコトコトと動き始めたら火を消す。器に盛り、しょうがを添える。

ひとくちメモ
かつおは、筋や血合いの少ないものを選んでください。

糸寒天と野菜のごま酢あえ

独特な食感をもつ糸寒天を、ごまの香る酢のもので

難易度 ★★☆☆☆

材料：（4人分）

糸寒天・・・・・・10g	すり白ごま・・・大さじ2
パプリカ（赤、黄）・・各1/2個	酢・・・・・・大さじ1
きゅうり・・・・・1本	A はちみつ・・・大さじ1
三つ葉・・・・・・40g	しょうゆ・・・大さじ2/3
枝豆（さやごと）・・150g	溶きからし・・・小さじ2/3
もやし・・・・・・1袋	
油揚げ・・・・・・1枚	

作り方：

1. 糸寒天は10〜15分水に浸けてもどし、3cm長さに切る。

2. パプリカはへたと種を取り除き、長さ半分にしてからせん切りにする。きゅうりは縦半分にしてから斜め半月切りにする。三つ葉は根元を落として3cm長さに切る。油揚げは縦半分に切ってから5mm幅に切る。

3. 枝豆と油揚げは、それぞれアルミホイルにのせる。パプリカともやしはそれぞれ塩ひとつまみ（分量外）をふり、アルミホイルで包む。油揚げはグリルの弱火で2〜3分焼き、枝豆、パプリカ、もやしはグリルの強火で7分焼く。粗熱がとれたら、パプリカともやしは水気を絞る。枝豆はさやから取り出す。

エコポイント
グリルを使い、数種類の野菜を一度に加熱します。時間短縮になり、ゆでないことで栄養分もぎゅっと濃縮。野菜本来の味を楽しめますよ。

4. きゅうりは塩ひとつまみ（分量外）を加えてもみ、しんなりしたら水気を絞る。

5. Aをボウルに合わせ、1、3、4を加えてあえる。

憧れの美肌美人

FROM PANTRY

　キレイな肌になりたい。そう願う女性は多いはず。ここでは、体の中から美肌美人を目指すために役立つポイントを、お話したいと思います。

　まずは、コラーゲンの合成やメラニンの抑制、鉄分の吸収に関与しているビタミンC。美肌作りに欠かせない栄養素として有名ですね。ビタミンCを多く含む食材には、レモンや赤ピーマン、ブロッコリーなどがあります。ビタミンCは水に溶けやすく、ゆでたり、長く水に浸していると流出してしまうため、調理にも気を使いましょう。糖質やたんぱく質、脂質、抗酸化作用のあるビタミンE(かぼちゃ、アーモンドなど)、ポリフェノール(いちご、ラズベリーなど)など、その他の栄養素と一緒にバランスよくとる習慣も大切です。

　そして、実はとても重要なのが、睡眠、栄養、運動、休養。これらが不足すると、美肌作りと密接な関係のある女性ホルモンのバランスを崩す原因となってしまいます。

　女性ホルモンは2種類あり、その一つが月経前に多く分泌されるプロゲステロン。肌の調子を不安定にしやすいホルモンで、便秘やむくみ、肌荒れなどを引き起こしやすくします。月経前は、代謝をよくする食材や食物繊維などを積極的にとり、過剰なスキンケアも控えましょう。もう一つは、美肌にとても関係の深いホルモン、エストロゲンです。月経後に増え、肌に潤いや弾力を与え、肌つやをよくしてくれます。このエストロゲンとよく似た働きをするのが、大豆イソフラボン。豆乳や豆腐、納豆などの大豆食品に多く含まれるので、バランスよく食べたいですね。

　周期に合わせた食事とスキンケア、適度な運動、そしてストレスを溜めないことが、美肌には必要不可欠。自分だけのリラックス法を見つけたり、毎朝の体調に合わせた、自分だけのオリジナルスムージーを作ってみるのもおすすめです。皆さんも、内側から輝く美肌美人を目指してくださいね！

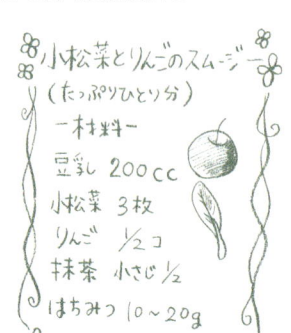

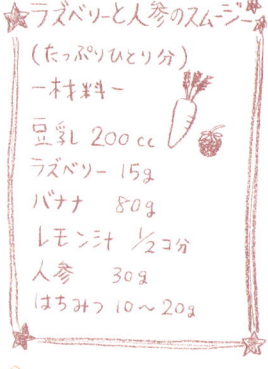

★ラズベリーと人参のスムージー
(たっぷりひとり分)
ー材料ー
豆乳 200cc
ラズベリー 15g
バナナ 80g
レモン汁 1/2コ分
人参 30g
はちみつ 10〜20g

〈作り方〉
① 野菜とフルーツは皮をむき、角切りにしたら、冷凍しておく。
※バナナはレモン汁にからめてから冷凍する。
② ミキサーですべての材料を混ぜて、なめらかになったらできあがり。

小松菜とりんごのスムージー
(たっぷりひとり分)
ー材料ー
豆乳 200cc
小松菜 3枚
りんご 1/2コ
抹茶 小さじ1/2
はちみつ 10〜20g

part. 5

おいしさ色々！ 各教室の人気レシピ

港南店
ワイン片手に今日は女子会！

女性同士で集まる日には、ちょっと華やかな洋風メニューはいかが？
「娼婦風」という意味を持つプッタネスカは、シンプルでおいしいナポリの名物パスタ。
とろとろのお肉をたっぷり詰めたミートバゲットは、キッシュやパングラタンのイメージです。

えびのプッタネスカ
アンチョビの塩味が効いたナポリの味

難易度 ★★★☆☆

材料：(4人分)

ペンネリガーテ・・200g
えび(小)・・・・16尾
アンチョビフィレ・3枚
ホールトマト(缶詰)・1缶
にんにく・・・・・1片
バジルの葉・・・・7〜8枚
ブラックオリーブ(薄切り)・40g
ケイパー・・・・・10g(約大さじ1)
白ワイン・・・・・大さじ2
オリーブ油・・・・大さじ1と1/2
エクストラバージン
オリーブ油・・・・大さじ2

作り方：

1. えびは塩とかたくり粉(各分量外)をふってもみ洗いし、水気をよく拭く。ホールトマトは手で粗くつぶす。にんにくは包丁の背を使って軽くつぶす。バジルはちぎる。

2. フライパンにオリーブ油とにんにく、アンチョビを入れて熱し、アンチョビを溶かすようにつぶす。えびを加え、色が変わったらオリーブとケイパーを加える。

3. 2を強火にして白ワインを加え、アルコールが飛んだらホールトマトを加え、弱火で煮詰める。

4. ペンネは表示時間より1分短くゆでる。ゆで汁を適量とりおく。

5. 4を3のフライパンに加えて全体を混ぜ合わせ、水分が少なければゆで汁で調整する。エクストラバージンオリーブ油を加えてよく混ぜる。器に盛り、バジルを散らす。

クミン風味のミートバゲット
バゲットの器にお肉を詰めた、ボリューム前菜

難易度 ★★★★☆

材料：(4人分)

バゲット・・・・・1本
合びき肉・・・・・200g
玉ねぎ(みじん切り)・1/2個分
オリーブ油・・・・小さじ1

A ┤ クミンパウダー・小さじ1
　　塩・・・・・・小さじ1/4
　　こしょう・・・少々

　　粉チーズ・・・・・大さじ1
　　パセリ(みじん切り)・・適量
　　ピンクペッパー・・・・適量

B ┤ 卵・・・・・・2個
　　生クリーム・・・100cc
　　粉チーズ・・・大さじ3

作り方：

1. バゲットは端を切り落として8等分にし、底を残して器型にくり抜く。底に気泡の穴がある場合は、くり抜いたパンを使って埋める。

2. フライパンにオリーブ油を熱して玉ねぎを炒め、しんなりしたら合びき肉を加える。完全に火が通ったら、Aで調味する。

3. Bをボウルに合わせて2を加え、よく混ぜる。1のバゲットにこんもりと詰め、粉チーズをまぶす。

4. オーブントースターまたは190度のオーブンで、焼き色がつくまで10分ほど焼く。好みでパセリとピンクペッパーを散らす。

ひとくちメモ
くり抜いたパンは、さいの目切りにして一緒に焼けば、クルトンに。スープやサラダに使えます。

野菜とスモークチーズのマリネ
ふだんのマリネにスモークの香りをプラス

難易度 ★☆☆☆☆

材料：(4人分)

マッシュルーム・・8個
ミニトマト・・・・8個
きゅうり・・・・・1本
玉ねぎ・・・・・・1/4個
ルッコラ・・・・・1束
スモークチーズ・・8個(64g)
野菜チップス・・・適量

A ┤ オリーブ油・・・60cc
　　白ワインビネガー・20cc
　　レモン汁・・・・1/2個分
　　砂糖・・・・・小さじ1と1/2
　　塩・・・・・・ひとつまみ
　　こしょう・・・適量

作り方：

1. マッシュルームとミニトマトは4等分に切り、きゅうりは半月切りに、玉ねぎはみじん切りにする。ルッコラは3cm長さ、スモークチーズは1cm角に切る。

2. Aをボウルに混ぜ、ルッコラ以外の1をあえる。器に盛ってルッコラをのせ、野菜チップスを粗く砕いて散らす。

いずみ野駅前店
せいろでアツアツ肉まんじゅう

ふかしたての肉まんは、なによりもごちそう！
ひき肉よりもばら肉を使うことで、
よりジューシーでおいしく、
また牛乳を加えることで、皮が白く仕上がります。

肉まんじゅう
ベーキングパウダーを使えば、手軽に作れます

難易度 ★★★★★

材料：(12個分)

<生地>
- A ｛牛乳‥‥‥180cc / 砂糖‥‥‥60g｝
- B ｛薄力粉‥‥‥450g / ベーキングパウダー‥大さじ1と1/2｝
- C ｛卵白‥‥‥1と1/2個分 / サラダ油‥‥大さじ1と1/2｝

<あん>
- 豚ばら肉(薄切り)‥150g
- 白菜‥‥‥‥‥100g
- ねぎ‥‥‥‥‥1/2本
- 春雨‥‥‥‥‥10g
- きくらげ‥‥‥‥5g
- D ｛しょうが(みじん切り)‥少々 / しょうゆ‥‥大さじ1 / オイスターソース‥小さじ1 / 砂糖‥‥‥小さじ1 / 酒‥‥‥‥小さじ1 / こしょう‥‥少々｝
- かたくり粉‥‥‥大さじ2
- ごま油‥‥‥‥小さじ2
- 塩‥‥‥‥‥小さじ1/4
- 溶きからし‥‥‥適量

作り方：

1. 生地を作る。Aをボウルに入れて砂糖を溶かす。別のボウルにBをふるい入れ、Aを加えて混ぜる。Cを加えてまとまるまでよく練り、ラップをして30分ほどおく。

2. あんを作る。豚肉は2cm角に切る。白菜はゆでて水気を軽く絞り、みじん切りにする。ねぎはみじん切りに、春雨ときくらげは水でもどし、1.5cm長さの細切りにする。

3. 2の豚肉に塩を加えてよく混ぜ、粘りを出す。Dを加えてさらに練り混ぜ、残りの2、かたくり粉、ごま油を順に加え、そのつど混ぜる。

4. 1の生地を棒状に整え、12等分に切り分ける。めん棒で直径7cmに伸ばして3をのせて包み、6cm角に切ったクッキングペーパーにのせる。蒸気の上がった蒸し器に並べて強火で12分蒸す。好みで溶きからしを添える。

指であんを押し込みながら包み、とじ目はひねってしっかりととじる

豆腐と青菜のひすいスープ
うまみがたっぷり溶け込んだとろみスープ

難易度 ★★★★★

材料：(4人分)

- 鶏ささみ肉‥‥‥2本
- A ｛酒‥‥‥大さじ1 / 塩‥‥‥ひとつまみ｝
- 青菜(小松菜,ちんげん菜など)‥200g
- 絹ごし豆腐‥‥‥小1丁
- ワンタンの皮‥‥‥8枚
- 水‥‥‥‥‥‥800cc
- B ｛酒‥‥‥大さじ1 / 鶏がらスープの素‥小さじ4 / しょうゆ‥‥小さじ1｝
- 水溶きかたくり粉‥大さじ1〜1と1/2
- 塩‥‥‥‥‥小さじ1/2
- こしょう‥‥‥少々
- ごま油‥‥‥‥適量

作り方：

1. 鶏肉は筋を取ってひと口大のそぎ切りにし、Aで下味をつける。かたくり粉(分量外)を薄くまぶす。

2. 青菜はさっとゆでて水にさらし、水気を絞って粗みじん切りにする。豆腐は5mm角に切る。ワンタンの皮は5mm幅に切り、揚げ油でパリッと揚げる。

3. 鍋に水を入れて沸かし、1を加えてあくを取り除く。Bを加え、青菜と豆腐を加える。再び煮立ったら塩とこしょうで味を調え、水溶きかたくり粉で軽くとろみをつける。

4. 3を器に盛ってごま油を回しかけ、ワンタンの皮を散らす。

キウイかん
ジューシーな寒天に、黒いつぶつぶの食感がアクセント

難易度 ★★★★★

材料：(12cm × 14cmの流し缶1台分)

- キウイフルーツ‥3個(約350g)
- 粉寒天‥‥‥4g
- 砂糖‥‥‥‥90g
- 水‥‥‥‥‥250cc

作り方：

1. 鍋に水を注いで寒天をふり入れ、中火で2〜3分かき混ぜながら沸騰させ、砂糖を加えて溶かす。

2. キウイは皮をむいてフードプロセッサーで撹拌し、少し冷ました1に加えて混ぜる。水で濡らした流し缶に流し入れ、冷蔵庫で冷やし固める。食べやすい大きさに切って器に盛る。

ひとくちメモ
寒天が熱いとキウイが変色し、冷たすぎると混ざらなくなります。少し冷ますていどにしましょう。

81

保土ヶ谷店
何げない日の和みおかず

食卓にあるとほっとする、揚げもの、蒸しもの、煮もの。
器にもこだわってざっくりと盛りつければ、
なんだか料亭のおばんざい風です。

さばの竜田揚げ 甘酢あんかけ

カラリと揚げた竜田揚げに、とろ〜り甘酢あん

難易度 ★★★☆☆

材料：(4人分)

さば(3枚おろし)・・・・・1尾分
A { しょうが汁・・・・・小さじ1
    しょうゆ・・・・・小さじ1
    酢・・・・・・・・小さじ1 }
かぼちゃ・・・・・・・1/6カット
さやいんげん・・・・・8本
かたくり粉・・・・・・大さじ3
サラダ油・・・・・・・大さじ3
B { しょうゆ・・・・・大さじ2
    酢・・・・・・・・大さじ2
    みりん・・・・・・大さじ2
    酒・・・・・・・・大さじ2
    砂糖・・・・・・・大さじ1
    水・・・・・・・・大さじ1
    かたくり粉・・・・小さじ1 }

作り方：

1. さばはひと口大に切ってAをからめ、5分ほどおく。かたくり粉をまぶし、余分な粉をはらう。

2. かぼちゃは薄切りにし、さやいんげんは半分に切る。グリルに入れ、強火で5分ほど焼く。

3. フライパンに、サラダ油を高さ3cmほどまで入れる。180度に熱して1を揚げる。

4. 鍋にBを入れ、とろみが出るまで加熱する。

5. 器に2を盛って3をのせ、4の甘酢あんをかける。

豆知識 & 栄養ポイント　さばは「青魚の王様」とも呼ばれ、とても栄養価が高い魚です。良質な脂質には、DHAやEPAが豊富で、カルシウムの吸収を助けるビタミンDも含まれます。旬は、脂がのってうまみが増す10〜11月。足が早いので、新鮮なうちに調理しましょう。ちなみに「サバを読む」という言葉は、大量に水揚げされるさばを新鮮なうちに売りさばくため、数をいい加減に数えていたことからきているんですよ。

長なすの薬味たれかけ

皮の柔らかい長なすを、薬味たっぷりのたれとともに

難易度 ★★☆☆☆

材料：(4人分)

長なす・・・・・4〜5本
A { ねぎ・・・・・1/3本
    にんにく・・・1片
    しょうが・・・1かけ }
B { しょうゆ・・・50cc
    酢・・・・・・50cc
    ごま油・・・・大さじ1 }
一味唐辛子・・・・適量

作り方：

1. Aはみじん切りにしてBと合わせ、よく混ぜる。

2. フライパンに長なすと水200cc(分量外)を入れてふたをし、中火で15分蒸す。長なすを3〜4cm長さに切って器に盛り、1をかけて一味唐辛子をふる。

油麩の煮もの

だし汁を吸った油麩にご飯が進む、人気のレシピ

難易度 ★★★☆☆

材料：(4人分)

油麩・・・・・・1本
なす・・・・・・3本
じゃがいも・・・大2個
さやいんげん・・1袋
糸こんにゃく・・1袋
A { だし汁・・・300cc
    しょうゆ・・大さじ3
    みりん・・・大さじ3
    砂糖・・・・大さじ2
    酒・・・・・大さじ1 }

作り方：

1. 油麩は3〜4cm幅に切ってからぬるま湯でもどし、ひと口大に切る。

2. なすはひと口大の乱切りにする。じゃがいもは皮をむいて6等分に、さやいんげんは2〜3等分に切る。糸こんにゃくは熱湯で湯がき、くさみをとる。

3. 鍋に1と2を入れてAを加え、落しぶたをして中火にかける。煮立ったら火を弱め、ふたをして20分ほど煮る。

83

本郷台店
わが家でリッチな洋食屋さん

主役は、豚肉のかたまりを豪快に焼き上げた、ごちそうロースト。
温野菜の紙包み焼きやフロマージュブラン風デザートなど、ひと手間加えた洋食が脇を飾ります。
ちょっとしたおもてなしやお誕生日などに喜ばれる、ちょっとリッチなメニューです。

豚肉とじゃがいものロースト
ローズマリー風味
さわやかな香草の香りが食欲を誘います

■難易度 ★★★★★

材料：(4人分)

豚ロース肉(かたまり)・500〜600g
A ｛ にんにく・・・1片
　　ローズマリー・1本
じゃがいも・・・・中3個
B ｛ にんにく(薄切り)・1/2片分
　　ローズマリー(葉)・1本分
　　塩・・・・・ひとつまみ
　　粗びき黒こしょう・適量
白ワイン・・・・80cc
水・・・・・・150cc
サラダ油・・・大さじ1と1/2
オリーブ油・・大さじ3
トマト(くし形切り)・1個分
クレソン・・・・適量

作り方：

1. 豚肉の表面にナイフで4カ所ほど穴を開け、それぞれ4等分に切ったAを詰める。じゃがいもは皮つきのまま洗い、ひと口大の乱切りにする。

2. オーブン用シートを敷いた天板に豚肉をおき、塩小さじ1と粗びき黒こしょう(各分量外)をふる。脂身を上にしてサラダ油をかけ、180度のオーブンで20分ほど焼く。

3. じゃがいもを2の豚肉の周りに加える。白ワインを流し入れて余熱で10分おき、水を流し入れる。

4. 3のじゃがいもにBをふる。オリーブ油をかけて180度のオーブンで25分焼く。豚肉の中心に竹串を刺し、透明な肉汁が出てきたら切り分ける。汁が赤ければ、再び加熱する。器に盛り、トマトとクレソンを添える。

温野菜の紙包み焼き
万能アンチョビバターが彩り野菜とマッチ

■難易度 ★★★★★

材料：(4人分)

<アンチョビバター(作りやすい分量)>
A ｛ 無塩バター・・・・100g
　　アンチョビフィレ
　　(みじん切り)・・25g
玉ねぎ(みじん切り)・25g
ドライバジル・・大さじ1
こしょう・・・・少々

ブロッコリー・・1/2株
パプリカ(赤、黄)・各中1/2個
エリンギ・・・・1パック
かぶ・・・・・大1個
ズッキーニ・・・1/2本
ミニトマト・・・4個
オリーブ油・・・少々

作り方：

1. アンチョビバターを作る。Aをボウルに入れてよく混ぜる。ラップの中央において12〜13cm長さの棒状に成形し、両端を輪ゴムでとめる。さらにラップで包み、冷凍庫で1日冷やし固める。

2. ブロッコリーは小房に分け、パプリカは縦4等分に切る。エリンギは長さを半分に切ってから、縦半分に切る。かぶは茎を2cm残してくし形切りに、ズッキーニは輪切りにする。

3. 35×40cmに切ったクッキングペーパーに4等分した2とミニトマトをのせる。オリーブ油をかけて1を4等分(20〜25g)に切ってのせ、茶巾包みにする。アルミホイルをひも状にして口を縛り、フライパンに並べる。ふたをして弱火で8〜10分蒸し焼きにする。

フロマージュブラン風の オレンジソースがけ
ヨーグルトと生クリームで作る、チーズ風味のデザート

■難易度 ★★★★★

材料：(4人分)

<フロマージュブラン風>
プレーンヨーグルト・200g
A ｛ 生クリーム・・・100cc
　　砂糖・・・・・20g
ミントの葉・・・・適量

<オレンジソース>
オレンジの皮(せん切り)・1/4個分
B ｛ オレンジの搾り汁・1/4個分
　　100%オレンジジュース・100cc
　　グラニュー糖・・・大さじ1
水溶きコーンスターチ・・適量
オレンジ系リキュール・・大さじ1

作り方：

1. フロマージュブラン風を作る。キッチンペーパーを敷いたざるにヨーグルトを入れ、ボウルにのせて冷蔵庫にひと晩おく。水気のきれたヨーグルトにAを加えて泡立て器でしっかりと泡立て、冷蔵庫で冷やす。

2. オレンジソースを作る。オレンジの皮はさっとゆで、ざるに上げる。鍋にBを入れて中火にかけ、グラニュー糖を溶かす。ひと煮立ちしたらオレンジの皮を加え、水溶きコーンスターチでとろみをつける。リキュールを加えて火を止め、冷蔵庫で冷やす。

3. 1を器に盛って2をかけ、ミントを飾る。

泉店
なつかしおやつでキッズパーティ！

幼稚園に入ったら、初めてのお菓子作りに挑戦！
大人のお手伝いがちょっとあれば、お子さんでも楽しく作れます。
クッキーが焼けたときの甘い匂いや、
蒸しパンがふくらむ様子に、大喜びすることまちがいなし！

もみもみ 紅茶のクッキー
ビニール袋に入れてもむだけの簡単クッキー

難易度★★★★★

材料：（直径2.5cm 45枚分）

無塩バター（無塩マーガリンで代用可）・50g
ティーパック（あればアールグレイ）・・1個
薄力粉・・・・・・・・・・・75g
溶き卵(L)・・・・・・・・・1/2個分
砂糖・・・・・・・・・・・・40g

作り方：

1. ビニール袋にバターを入れ、柔らかくなるまでもむ。

2. ティーパックから茶葉を出し、薄力粉と合わせる。

3. 1に砂糖、溶き卵、2を順に加え、そのつどもむ。

ひとくちメモ
材料を一つずつ加えることで材料が確認でき、手でもむことで、形状が変化する感触も感じられます。

ビニール袋は、ジッパーつきが便利

4. 3のビニール袋の隅に生地を寄せ、隅をはさみで切り落とし、絞り袋にする。オーブン用シートを敷いた天板に生地を絞り出し、180度のオーブンで10〜15分焼く。

生地は焼くと平らになるので、盛り上がったままで大丈夫

エコポイント
ビニール袋を絞り袋にすることで手が汚れず、洗いものも少なくてすみます。

きなこ棒
たった2つの材料で作れる、なつかしの駄菓子

難易度★★★★★

材料：（作りやすい分量）

はちみつ・・・・・・100g
きなこ・・・・・・・75g

作り方：

1. 耐熱容器にはちみつを入れ、500Wの電子レンジで1分加熱する。きなこを加えて混ぜ、ひとまとめにする。

2. 台にまぶし用のきなこ適量（分量外）をふる。1を1/2量ずつに分け、手で転がしながら、細長い棒状に成形する。適当な長さに切り、切り口にもきなこをまぶす。

豆知識＆栄養ポイント
きなこは、大豆を炒って皮をむき、ひいた粉です。加熱することで大豆特有のくさみが抜け、香ばしくなります。語源は「黄なる粉」で、「黄な粉」と書くことも。黄大豆が原料のきなこは黄褐色なのに対し、青大豆が原料のきなこは淡緑色なので、「うぐいすきなこ」と呼んだりします。

キャロット蒸しパン
自由に絵を描いた紙コップを器にして

難易度★★★★★

材料：（205ccの紙コップ4個分）

薄力粉・・・・・・・・・150g
ベーキングパウダー・・・3g
砂糖・・・・・・・・・・50g
卵(L)・・・・・・・・・1個
にんじんジュース・・・・100cc
サラダ油・・・・・・・・大さじ2

作り方：

1. 材料を順番に混ぜ合わせる。

2. 1を紙コップに入れる。蒸気の上がった蒸し器に並べ入れ、中火で15分ほど蒸す。

ひとくちメモ
オレンジジュースやトマトジュースなど、お好きなジュースで作ってみてくださいね。

洋光台店
会話も弾む！ティータイムのスイーツ

中華料理店で見かける愛玉子(オーギョーチ)は、実は家庭でも簡単に楽しめるデザート。食感が楽しいタピオカミルクティーや、味も見た目もさつまいもなクッキーなど、おもてなしスイーツ3種のご紹介です。

愛玉子（オーギョーチ）

種をもむとゼリー状に！台湾発の不思議デザート

難易度 ★★☆☆☆

材料：(4人分)

- 愛玉子の種・・・・25g
- 水・・・・・・・650〜750cc
- レモン(薄切り)・・適量
- ミントの葉・・・・適量
- A { ガムシロップ・・約大さじ6
　　　レモン汁・・・・適量 }

作り方：

1. 愛玉子の種はガーゼで包む。

2. ボウルに水と1を入れ、10分ほどよくもむ。1を取り出し、液体を冷蔵庫で冷やし固める。

   水に浸けたまま、水が紅茶色になってとろみがつくまでもむ

   エコポイント 金属のボウルを使うと、早く冷えやすいです。

3. 2を器に盛ってAをかけ、レモンとミントを飾る。

ひとくちメモ 愛玉子の種は、インターネットや中華食材販売店で入手できます。

タピオカミルクティー

タピオカのもちもちっとした食感を楽しんで

難易度 ★★☆☆☆

材料：(4人分)

- ブラックタピオカ・・大さじ4
- ティーパック(アールグレイ)・8個
- 熱湯・・・・・・・200cc
- A { 牛乳・・・・・500cc
　　　コンデンスミルク・20g
　　　砂糖・・・・・60g }
- ガムシロップ・・・適量

作り方：

1. タピオカは、ひと晩水に浸けてもどす。

2. 熱湯にティーパックを入れてよく煮出し、Aを加える。粗熱がとれたら冷蔵庫で冷やす。

3. 1をゆで、浮かび上がってきたらざるに上げ、ガムシロップをまぶす。

4. 2をカップに注ぎ、3を加える。

さつまいもクッキー

まるでさつまいも?! なクッキーです

難易度 ★★★☆☆

材料：(約50枚分)

- さつまいも・・・・100g(正味)
- A { 薄力粉・・・・130g
　　　アーモンドプードル・20g
　　　シナモンパウダー・小さじ1/2
　　　塩・・・・・・ひとつまみ }
- 無塩バター・・・・80g
- 三温糖・・・・・・70g
- バニラエッセンス・少々
- 紫いもパウダー・・適量
- いり黒ごま・・・・適量
- グラニュー糖・・・適量

作り方：

1. さつまいもはアルミホイルに包み、180度のオーブンで竹串がすっと通るまで焼く。熱いうちに皮をむき、裏ごしする。

2. Aは合わせてふるう。バターは常温におく。

3. 1とバター、三温糖、バニラエッセンスを順にボウルに合わせ、クリーム状になるまでよく混ぜる。2を加えてさっくりと混ぜ合わせ、ひとかたまりにする。直径3cmほどの棒状に成形し、ラップに包んで冷蔵庫に30分ほどおく。

4. 台に紫いもパウダーをふって3を転がしながらまぶし、5mm幅に切る。

5. 天板にオーブン用シートを敷いて4を並べ、黒ごまとグラニュー糖をふる。170度のオーブンで15分焼く。

東京ガスエコモの料理教室

　東京ガスエコモ株式会社は、東京ガスグループの一員として横浜市南部地域※①を担務するガス会社です。

　私たちは、都市ガスを安全かつ快適にご利用いただくために、さまざまな作業やご提案を行うかたわら、昭和49(1974)年から料理教室を運営しております。これは、「ガス」の魅力を直接お伝えするための最良の手段であり、また、なじみの薄い「ガス屋さん」のショールームに気軽にお立ち寄りいただけたら、という思いから始まりました。以来40年の間、経営環境の変化や「ガス」に対するニーズの変遷の中、今日まで料理教室を継続してこられたのは、これまで支えてくださった地域のお客さまのおかげと、心より感謝しております。

　当社の料理教室は、現在6教室で開催。全9名の担当講師が、和食、洋食、中華、エスニック、パンやお菓子など多様な分野のレシピを、最新のガスコンロを使って紹介しております。一回完結型なので、どなたでも参加しやすいのが特徴。また、「ガス屋さん」ならではの、ガスコンロの上手な使い方もアドバイスさせていただいております。

　そして一番大切にしていることが、地域密着を活かし、お客さまのご要望を随時取り入れた教室運営を行うことです。そんな中で実際に生まれたのが、料理を覚えたい男性のための料理教室や、とにかくわいわい楽しくがモットーのデモンストレーション型料理教室「ランチ会」※②といったクラスなのです。

　これからも、アットホームでわかりやすい、皆さまのためになる料理教室を目指し、日々工夫を重ねてまいります。よろしければ、ぜひ一度ご参加ください。

　講師一同、皆さまのご参加を、心よりお待ち申し上げております。

ホームページ：
http://www.tokyogas-ecomo.co.jp

※① 港南区、磯子区、栄区、戸塚区、泉区、保土ヶ谷区、中区、南区
※② 「男性料理教室」は港南店・泉店、「ランチ会」は港南店のみの開催
　　（平成26年3月現在）

料理教室は、全教室予約制。入会金はなく、受講料は1回1,000〜3,000円（メニューにより異なる・平成26年3月現在）。ご希望により、見学も受けつけております

東京ガスライフバル横浜南 港南店

横浜市港南区丸山台2－12－1
045-845-3753（料理教室専用）
045-845-3741（代表）
横浜市営地下鉄「上永谷」駅下車徒歩約5分

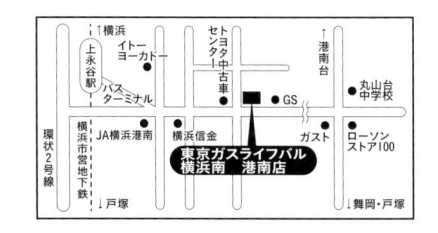

東京ガスライフバル横浜南 洋光台店

横浜市磯子区洋光台4－2
045-831-2111
JR京浜東北線・根岸線「洋光台」駅下車徒歩約5分

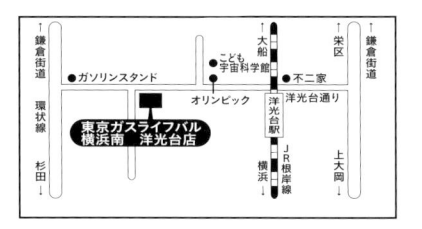

東京ガスライフバル保土ヶ谷 保土ヶ谷店

横浜市保土ヶ谷区和田1－4－1
045-332-3031
相鉄線「和田町」駅下車徒歩約9分
相鉄線「星川」駅下車徒歩約10分

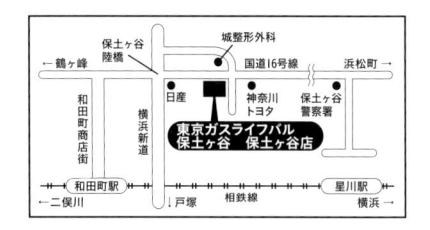

東京ガスライフバル横浜戸塚 泉店

横浜市泉区領家4－2－8
045-813-1133
JR東海道線「戸塚」駅下車、神奈中バス
「領家中学校前」下車徒歩約1分
横浜市営地下鉄「踊場」駅下車徒歩約18分

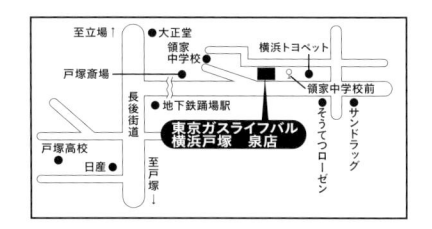

東京ガスライフバル横浜戸塚 いずみ野駅前店

横浜市泉区和泉町6238－1
045-804-7611
相鉄いずみ野線「いずみ野」駅下車徒歩約5分

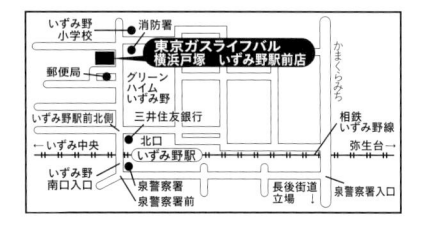

東京ガスライフバル横浜戸塚 本郷台店

横浜市栄区桂町274－6
045-893-2711
JR京浜東北線・根岸線「本郷台」駅下車徒歩約10分

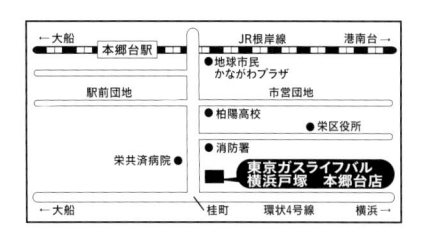

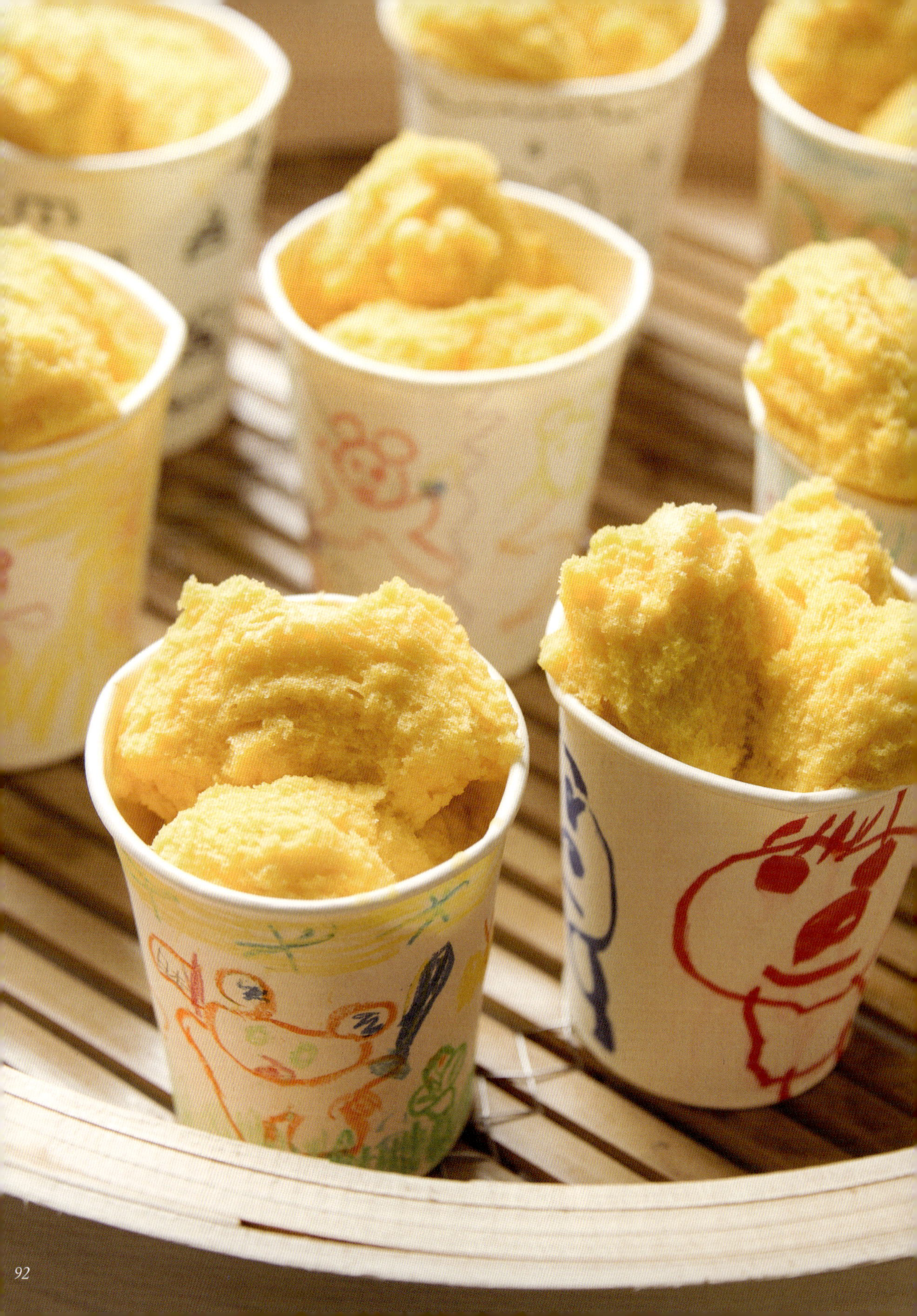

おわりに　〜出会いのレシピを大切に〜

私たちは、料理教室を運営する中で、たくさんのお客さまとの交流があります。
「おいしかった」
「このレシピで作ったら家族に好評でした」
「習ったレシピで友人にケーキをプレゼントしました」
そんなうれしい声を聞くのが、私たちの何よりの喜びです。

料理教室に参加する小さなお子さまも、私たちには大切なお客さまです。
「先生やお友達と料理ができて楽しかった」
「お店みたいなクッキーが焼けて、すごくうれしかった」
そんな新鮮な感動をともにするのが、私たちの何よりのエネルギーです。

本書は、私たちが頭の中で温めた単なる"アイデア"の集まりではありません。
自画自賛の作品集でもありません。
お客さまのお顔を思い浮かべて用意したレシピを、
料理教室でお客さまと一緒に作って「おいしさ」を共有し、
お客さまの「感動」、「喜び」、「楽しさ」、そしてときにはうまくできない「悔しさ」を感じとりながら、
さらにアレンジを加えた"出会いのレシピ"なのです。

私たちは、これからも料理教室にご参加いただくお客さまとの出会いを大切にしながら、
お料理の楽しさ、すばらしさを伝えていきたいと思っています。

最後に、本書発刊に際してお世話になった関係者の皆さまと、
料理教室の運営においてご指導をいただく東京ガス株式会社に感謝するとともに、
私たちの料理教室にご参加いただくすべてのお客さまに、心よりお礼申し上げます。

平成 26 年 3 月

東京ガスエコモ株式会社
料理教室担当講師一同

索引

肉

豚肉
- やわらか卵と豆腐のあんかけ…35
- トマトカレー…41
- ミルフィーユかつ丼…48
- 豚のみそ漬けにぎり…51
- ふわふわ卵のオムそば…53
- スタミナ焼き餃子…59
- ベトナム風焼きつくね…67
- 肉まんじゅう…81
- 豚肉とじゃがいものロースト ローズマリー風味…85

鶏肉
- 鶏ひき肉とドライトマト、春菊のパスタ…13
- ケバブ風スパイスチキンサンド…30
- 鶏団子のバタみそスープ…43
- シンガポール チキンライス…56
- コラーゲンたっぷりフォー…67
- 参鶏湯(サムゲタン)…72
- 豆腐と青菜のひすいスープ…81

合びき肉
- クミン風味のミートバゲット…79

ラム肉
- アイリッシュシチュー…21

ハム・ベーコン
- ブーケサラダ…10
- ねぎのグラタンパイ…13
- ハムとチーズのスコーン…18
- エスニックサラダ…57
- くるみとトマト、バジルのケークサレ…64

魚介

あさり
- 春野菜のクラムチャウダー…19
- あさりご飯…75

あじ
- 冷や汁…38

アンチョビフィレ
- えびのプッタネスカ…79
- 温野菜の紙包み焼き…85

うなぎ
- う巻き…69

えび
- えびのチリソース…23
- えびサラダ…31
- トマトカレー…41
- クリームチーズ茶わん蒸し…49
- エスニックサラダ…57
- えびのプッタネスカ…79

かつお
- かつおのすり流し汁…75

からすみ
- からすみのクリームチーズパスタ…15

さば
- さばの竜田揚げ 甘酢あんかけ…83

シーフードミックス(冷凍)
- カレーシーフードパスタ…33

ツナ(缶詰)
- サラダ ニソワーズ…15
- だいこんの和風シーザーサラダ…35

ほたて
- イタリアンケーキ押し寿司…10
- ほたてとかぶ、キウイのマリネ…13
- クリームチーズ茶わん蒸し…49

まぐろ
- イタリアンケーキ押し寿司…10

野菜

アーティチョーク(びん詰)
- サラダ ニソワーズ…15

アボカド
- イタリアンケーキ押し寿司…10
- アボカドミルク…33

枝豆
- 真夏のカラフルおにぎり…43
- 糸寒天と野菜のごま酢あえ…75

オクラ
- 鶏団子のバタみそスープ…43

かぶ
- ほたてとかぶ、キウイのマリネ…13
- 焼きかぶと春菊の塩あん…51
- 温野菜の紙包み焼き…85

かぼちゃ
- さばの竜田揚げ 甘酢あんかけ…83

カリフラワー
- ブーケサラダ…10

きのこ類
- マッシュルームのディップ…21
- やわらか卵と豆腐のあんかけ…35
- 鶏団子のバタみそスープ…43
- クリームチーズ茶わん蒸し…49
- みそ漬けチーズときのこのあえもの…51
- 野菜とスモークチーズのマリネ…79
- 温野菜の紙包み焼き…85

キャベツ
- ミルフィーユかつ丼…48
- ふわふわ卵のオムそば…53
- スタミナ焼き餃子…59

きゅうり
- サラダ ニソワーズ…15
- パイナップルサラダ…33

からすみ
- 冷や汁…38
- 刺身こんにゃくのあえもの…43
- カリコリサラダ…53
- エスニックサラダ…57
- 糸寒天と野菜のごま酢あえ…75
- 野菜とスモークチーズのマリネ…79

クリームコーン(缶詰)
- 中華風コーンスープ…23

くるみ
- くるみとトマト、バジルのケークサレ…64

小松菜
- 三色ナムル…72
- 豆腐と青菜のひすいスープ…81

ゴーヤ
- ゴーヤとパパイヤの酢のもの…69

さつまいも
- アップルハートクッキー…21
- さつまいもクッキー…89

さやいんげん
- サラダ ニソワーズ…15
- さばの竜田揚げ 甘酢あんかけ…83
- 油麩の煮もの…83

じゃがいも
- ブーケサラダ…10
- 春野菜のクラムチャウダー…19
- アイリッシュシチュー…21
- ベトナム風焼きつくね…67
- 三色ナムル…72
- 油麩の煮もの…83
- 豚肉とじゃがいものロースト ローズマリー風味…85

春菊
- 鶏ひき肉とドライトマト、春菊のパスタ…13
- 焼きかぶと春菊の塩あん…51

しょうが
- 山くらげのしょうがあえ…23
- 豆乳しょうがプリン…73

ズッキーニ
- 温野菜の紙包み焼き…85

セロリ
- カリコリサラダ…53

だいこん
- だいこんの和風シーザーサラダ…35
- ベトナム風焼きつくね…67

たけのこ(水煮)
- 春野菜のクラムチャウダー…19

玉ねぎ
- 春野菜のクラムチャウダー…19
- マッシュルームのディップ…21

中華風コーンスープ…23
- ケバブ風スパイスチキンサンド…30
- えびサラダ…31
- カレーシーフードパスタ…33
- トマトカレー…41
- クミン風味のミートバゲット…79

冬瓜
- 冬瓜の水晶煮…39

とうもろこし
- 真夏のカラフルおにぎり…43
- カリコリサラダ…53

トマト
- サラダ ニソワーズ…15
- トマトカレー…41

トマト(缶詰)
- トマトカレー…41
- えびのプッタネスカ…79

ドライトマト
- イタリアンケーキ押し寿司…10
- 鶏ひき肉とドライトマト、春菊のパスタ…13

長なす
- 長なすの薬味たれかけ…83

なす
- なすのエスニックマリネ…41
- 油麩の煮もの…83

菜の花
- 春野菜のクラムチャウダー…19

にら
- スタミナ焼き餃子…59

にんじん
- ブーケサラダ…10
- アイリッシュシチュー…21
- カリコリサラダ…53
- ベトナム風焼きつくね…67
- 三色ナムル…72

ねぎ
- ねぎのグラタンパイ…13
- えびのチリソース…23
- 長なすの薬味たれかけ…83

白菜
- 肉まんじゅう…81

パプリカ
- サラダ ニソワーズ…15
- カレーシーフードパスタ…33
- 糸寒天と野菜のごま酢あえ…75
- 温野菜の紙包み焼き…85

ピーマン
- ピーマンの黄身あえ…39

ブロッコリー
- アイリッシュシチュー…21

| えびサラダ……………………31 |
| 温野菜の紙包み焼き………85 |

ペコロス
アイリッシュシチュー………21

ほうれん草
さっぱり冷やしラーメン……59
ゆり根のコロッケ……………64

ミニトマト
ブーケサラダ…………………10
パイナップルサラダ…………33
くるみとトマト、
バジルのケークサレ…………64
野菜とスモークチーズのマリネ…79
温野菜の紙包み焼き…………85

もやし
ふわふわ卵のオムそば………53
エスニックサラダ……………57
さっぱり冷やしラーメン……59
糸寒天と野菜のごま酢あえ…75

モロヘイヤ
モロヘイヤのスープ…………41

ゆり根
ゆり根のコロッケ……………64

山いも
刺身こんにゃくのあえもの…43

山くらげ
山くらげのしょうがあえ……23

ルッコラ
野菜とスモークチーズのマリネ…79

卵
サラダ ニソワーズ……………15
ハムとチーズのスコーン……18
中華風コーンスープ…………23
やわらか卵と豆腐のあんかけ…35
ピーマンの黄身あえ…………39
クリームチーズ茶わん蒸し…49
ふわふわ卵のオムそば………53
くるみとトマト、
バジルのケークサレ…………64
オレンジのパインフラン……67
う巻き…………………………69
クミン風味のミートバゲット…79
もみもみ 紅茶のクッキー……87
キャロット蒸しパン…………87

乳製品

牛乳
コーヒーブランマンジェ……11
ねぎのグラタンパイ…………13
からすみのクリームチーズパスタ…15

| 春野菜のクラムチャウダー……19 |
| 中華風コーンスープ…………23 |
| アボカドミルク………………33 |
| クリームチーズ茶わん蒸し…49 |
| 濃厚杏仁豆腐…………………59 |
| ベリーベリートライフル……65 |
| オレンジのパインフラン……67 |
| タピオカミルクティー………89 |

生クリーム
コーヒーブランマンジェ……11
マンゴームースプリン………31
濃厚杏仁豆腐…………………59
ベリーベリートライフル……65
クミン風味のミートバゲット…79
フロマージュブラン風の
オレンジソースがけ…………85

カマンベールチーズ
イタリアンケーキ押し寿司…10

クリームチーズ
からすみのクリームチーズパスタ…15
マッシュルームのディップ…21
クリームチーズ茶わん蒸し…49
みそ漬けチーズときのこのあえもの…51

スモークチーズ
野菜とスモークチーズのマリネ…79

プロセスチーズ
カリコリサラダ………………53

粉チーズ
ハムとチーズのスコーン……18

プレーンヨーグルト
フロマージュブラン風の
オレンジソースがけ…………85

大豆加工品

もめん豆腐
冷や汁…………………………38

絹ごし豆腐
やわらか卵と豆腐のあんかけ…35
かつおのすり流し汁…………75
豆腐と青菜のひすいスープ…81

豆乳
豆乳そうめん…………………69
豆乳しょうがプリン…………73

油揚げ
だいこんの和風シーザーサラダ…35
糸寒天と野菜のごま酢あえ……75

きなこ
きなこ棒………………………87

米類・パン・めん類

ご飯
イタリアンケーキ押し寿司……10
冷や汁…………………………38
トマトカレー…………………41
真夏のカラフルおにぎり……43
ミルフィーユかつ丼…………48
豚のみそ漬けにぎり…………51
シンガポール チキンライス…56
参鶏湯(サムゲタン)…………72
あさりご飯……………………75

パン
マッシュルームのディップ……21
ケバブ風スパイスチキンサンド…30
クミン風味のミートバゲット……79

めん類
鶏ひき肉とドライトマト、
春菊のパスタ…………………13
からすみのクリームチーズパスタ…15
カレーシーフードパスタ……33
ふわふわ卵のオムそば………53
さっぱり冷やしラーメン……59
コラーゲンたっぷりフォー…67
豆乳そうめん…………………69
えびのプッタネスカ…………79

果物

いちご
いちごゼリー…………………19
ベリーベリートライフル……65

オレンジ
オレンジのパインフラン……67
フロマージュブラン風の
オレンジソースがけ…………85

キウイフルーツ
ほたてとかぶ、キウイのマリネ…13
キウイかん……………………81

パイナップル(缶詰)
パイナップルサラダ…………33

バナナ
バナナのココナッツミルク汁粉…57

パパイヤ
ゴーヤとパパイヤの酢のもの…69

フランボワーズ(冷凍)
バニラアイスクリーム フランボワーズ
のバルサミコ酢ソース添え…15

ブルーベリー
ベリーベリートライフル……65

マンゴー(冷凍)
マンゴームースプリン………31

ゆず
日本酒香るゆずシャーベット…49

ラズベリー
ベリーベリートライフル……65

りんご
アップルハートクッキー……21
フライパン焼きりんご………35

その他

油麩
油麩の煮もの…………………83

糸寒天
糸寒天と野菜のごま酢あえ…75

糸こんにゃく
油麩の煮もの…………………83

愛玉子の種
愛玉子(オーギョーチ)………89

オレンジジュース
フロマージュブラン風の
オレンジソースがけ…………85

カリカリ梅
真夏のカラフルおにぎり……43

ココナッツミルク
バナナのココナッツミルク汁粉…57

コーヒー豆
コーヒーブランマンジェ……11

刺身こんにゃく
刺身こんにゃくのあえもの…43

ティーパック
もみもみ 紅茶のクッキー……87
タピオカミルクティー………89

にんじんジュース
キャロット蒸しパン…………87

はちみつ
きなこ棒………………………87

バニラアイスクリーム
バニラアイスクリーム フランボワーズ
のバルサミコ酢ソース添え…15
マンゴームースプリン………31

はんぺん
鶏団子のバタみそスープ……43

ブラックタピオカ
タピオカミルクティー………89

東京ガスエコモ株式会社
森川伸一
代表取締役会長兼CEO

昭和13年生まれ。昭和35年法政大学経済学部卒業。外資系石油会社を経て、父次郎が創業した森川桶工を継ぐ。昭和38年ガス器具の販売店として㈲森川商会を設立。同48年に株式会社化し、平成20年に東京ガスの出資を得て、現在の「東京ガスエコモ㈱」に育て上げた。地球環境への配慮を重視した経営を進める一方、「新しい時代の地域密着」を目標に掲げ、より本格的な料理教室を通じて文化の発信を続けている。

東京ガスエコモの＜料理教室＞からうまれた
出 会 い の レ シ ピ
2014年3月1日　初版第1刷発行

著者	東京ガスエコモ株式会社
発行	神奈川新聞社 〒231-8445　神奈川県横浜市中区太田町2-23 tel.045-227-0850（企画編集部）
印刷・製本	神奈川新聞社
写真	片桐圭
スタイリング	深川あさり
プロデュース	藁科元樹（株式会社相鉄エージェンシー）
アート・ディレクション	木ノ下努（株式会社ヴェリー・ヴィジュアル・アソシエイツ）
デザイン	竹内真波、川上美穂（株式会社ヴェリー・ヴィジュアル・アソシエイツ）
ディレクション	笹崎美樹（株式会社ヴェリー・ヴィジュアル・アソシエイツ）
編集	下村友里、平野あゆみ（株式会社ヴェリー・ヴィジュアル・アソシエイツ）

ISBN978-4-87645-516-4 C0077

©2014 Tokyo Gas ecomo Printed in Japan

定価はカバーに表示してあります。
落丁本・乱丁本はお取り替えいたします。
本書の無断複写・複製・転載を禁じます。